CARLA DI FRANCESCO MARCO BORELLA

FERRARA
die Stadt der Estensi

Einleitung
PAOLO PORTOGHESI

Verlag
ITALCARDS
bologna Italien

Einleitung

Welchen Schlüssel kann man heute dem Besucher, der Ferrara besucht, überreichen? Ein Besucher, der von einer Vorstellung angezogen wird, die inzwischen in den Mass-Medien konsolidiert ist. Eine intellektuelle Stadt, reich an literarischem, künstlerischem und kinematographischem Echo; eine Stadt, die eine unverwechselbare Kultur schafft!

Ferrara ist keine «stille Stadt» mehr, sondern eine typische italienische funktionelle Stadt mittlerer Größe; eine gut verwaltete Stadt, die sich seit einigen Jahren mit dem aktuellen Problem beschäftigt, das eigene Image mittels Fassadenrestaurationen und eines Programmes, das das Wiederinschwungbringen der Funktionalität des Stadtwesens vorsieht, wiederzuerlangen.

Wenn es wahr ist, daß in der Zukunftsperspektive, «Das Kleine schön ist» (weil sie ihre Probleme anpacken und lösen) ist Ferrara ein Beispiel für diese Revanche, daß die kleinen Provinzstädte die Großstädte auf moralischem und materiellem Gebiet einholen wollen.

Aber Ferrara ist nicht nur eine sich der Zeit anpassende Stadt, die die Fähigkeit hat, eine kleine Wiederauferstehung zu programmieren; sie ist auch ein Ort, ein Topos, eines Gefühls der Fläche und der Zeit, das ihren Sitz nur hier hat, zwischen den ruhigen Gewässern, die das Schloß und die Bastaien umgeben; zwischen ihren flachen und großen Straßen, die mit Strömen zu vergleichen sind und unendlich erscheinen; zwischen den Fassaden proportioniert in ungeraden Rythmen, die jeder möglichen Identifikation zwischen Schönheit und Logik widersprechen; zwischen ihren von L'esene unterbrochenen Kantonen, da angebaut um die Flächen zu trennen und die Ansicht auf diese hervorragenden geistigen Werke zu richten.

Die pyramidalen Fundamente, die sich auch in den kleinen schuhförmigen Bauten, gleich der metaphysischen Schloßes wiederholen, die bereits untrennbar ist von der dechirichianischen Vorstellung von «Unruhigen Musen».

Ferrara ist selbst eine «unruhige Stadt» so reich an Widersprüchen ist; De Chirico definiert sie «nordisch»; sie ist aber auch warm und zärtlich, in gleichem Maße angezogen von asketischen und raffinierten Vergnügen. Um in Cosmé Tura die spezifische Ferraresität zu definieren, (den Charakter des Genius Loci) spricht Longhi über eine Vorstellung, die auf der Methode beruht und von ihr eine mitleidsvolle Konsequenz, die, manchmal auch zur Besessenheit wird, zieht. Es ist vielleicht nicht die gleiche Besessenheit, die Rossetti charakterisiert: die, die nur traditionelle Formen eines einfachen Theorems, welches einmal für alle vorgestellt ist, zu benutzen; Material, daß sich nach entgültigen, unveränderten Gesetzen geschichtet hat.

Von allen Aspekten des Ferrarer Genius Loci sollte man, um das Geheimnis der Stadt kennen zu lernen, die Aufmerksamkeit besonders auf den Aspekt richten, der von den Architekten «Treppe» gennant wird und der nicht nur etwas Konkretes ist, das zum Steigen dient, sondern auch ein geometrischer Ausdruck für ein dimensionales Verhältnis. In Ferrara triumphiert die humane Treppe. Oft sind die Fenster und Türen auf den menschlichen Körper, der einen Raum durchquert oder sich aus einem Fenster lehnt, zugeschnitten. Es wäre aber kindisch zu denken, daß die Beachtung dieser Kleinigkeiten von funktionellen Vorurteilen oder von wirtschaftlichen Motiven abhängt. Ferrara kennt die große Treppe des Diamantenpalastes, die von Ludwig dem Moor, die von vielen Amts- und Privatgebäuden; aber den Eckbalkon des Diamantenpalastes erreicht man nur durch eine winzige Tür und im Palast ist die Tür, die zum Balkon führt sehr viel niedriger als die Fenster, die die Tür umgeben.

Die humane Tür ist ein Schlüssel, der die niedrigen Türen Ferraras öffnet und eine Architektur definiert, die man auch als «hörendes Schweigen» definieren könnte.

«Mein Ideal», (hat Wittgenstein in seinen «Verschiedene Gedanken» geschrieben) ist eine gewisse Kälte. Ein Tempel, der den Hintergrund der Leidenschaft bildet ohne ihm jedoch reinzureden. Vielleicht fühlt sich der Besucher in Ferrara so wohl, daß er gerne wieder zurück kommen möchte, da er sich von der Architektur angehört fühlt. Er hat endlich eine Stadt gefunden, die ihre Sprache auf die Pausen gestaltet hat. Eine der wenigen italienischen Städte, in der der architektonische «Logos», der Wunsch von Sicherheit und gleichzeitig Exaltation ist im Wunsche des sogenannten «leghein» erfüllt. Dieses «leghein» bedeutet: das ist ja sagen aber auch ernten und folglich in gewissem Sinne zuhören. Zwischen vielen logokrutischen Städten ist Ferrara eine Stadt, die mit ihrem Schweigen dem Platz läßt, was für den Menschen existieren und sich frei bewegen können, bedeutet (De Chirico definiert die Stadt als «peripetatische Freundschaften»), Fließen, Leidenschaften fühlen, die man einem Hintergrund anvertraut, der nicht widerspricht, und der uns frei läßt aber nicht alleine.

PAOLO PORTOGHESI

GESCHICHTLICHER ÜBERBLICK

Ferrara wird zum ersten Mal im 8. Jh. urkundlich erwähnt. Hieraus kann auf die Existenz eines «Herzogtums Ferrara» geschlossen werden, das 757 n. Chr. von Desiderius dem Papst Stefan II. zugesprochen wurde.
Demnach war Ferrara bereits im Hochmittelalter eine politisch-verwaltungsmäßige Einheit von einer gewissen Bedeutung in dieser Gegend.
Aus früherer Zeit haben wir archäologische Funde aus dieser Gegend, die bezeugen, daß dieses Gebiet schon in der Bronzezeit besiedelt war, und zwar die Umgebung von Bondeno.
Später kamen im 6. Siedlungen mit etruskischen Einflüssen — Spina, an der Adria bei Comacchio — hinzu, wo ein lebhafter und ergiebiger Handel vor allem mit Griechenland stattfand, durch den die Stadt zu großer Blüte gelangte.
Nach den Etruskern schlugen sich die Gallier und schließlich die Römer in dieser Gegend nieder und gründeten verschiedene Siedlungen wie Voghenza, Maiero und Gambulaga.
Das Herzogtum Ferrara entwickelte sich am Po und zwar an der Stelle, wo der Po di Primaro vom Po di Volano abzweigt. Es ist nicht möglich einen einheitlichen ursprünglichen Stadtkern für Ferrara zu bestimmen, es gibt nämlich zwei Stellen ohne einen scheinbaren logischen Zusammenhang, die beide zur Entwicklung der Stadt beigetragen haben.
Der erste Kern liegt am Zusammenfluß der beiden Flußarme, mit der Kathedrale von S. Giorgio, dem neuen Bischofssitz nach dem Verfall von Voghenza; der zweite Kern war das byzantinische «castrum» im Stadtteil San Pietro am nördlichen Ufer, wo sich eine befestigte Siedlung zum Schutz der Grenze befand.
Von den Langobarden kam das Herzogtum unter die Kontrolle der römischen Kirche und wurde 986 von Johannes XV. an Theobald von Canossa vergeben.
Die besonders günstige geographische Lage der Stadt an einem bedeutenden Fluß — ein natürlicher Verkehrsknotenpunkt zwischen Adria, Po-Ebene, Romagna und Ober-Italien mit entsprechender strategischer und wirtschaftlicher Bedeutung — machte die Stadt zu einem fortwährenden Streitobjekt zwischen Kaisertum und Kirche. In diesem Zusammenhang entwickelten sich innere Zwistigkeiten zwischen den mächtigsten Familien, die traditionsgemäß in «Guelfen» und «Ghibellinen» geteilt waren. Aus diesen Kämpfen schälten sich dann Kräfte heraus, die eine selbständige freie Stadt anstrebten.
Die Guelfen riefen die d'Este auf den Plan und binnen kurzem wurden diese zur mächtigsten Familie der Stadt; sie besiegten mit Hilfe der Venezianer ihre Gegner und übernahmen bald ganz die Kontrolle über die Stadt. 1264 wurde Obizzo II. zum Herrscher der Stadt ausgerufen.
Über ein Jahrhundert lang wurde die Alleinherrschaft der d'Este von inneren Streitigkeiten und Konflikten mit dem Papsttum gestört. Gegen Ende des 14. Jh. wurde dann das Schloß durch Nic-

colò II. errichtet (1385) und Albert erhielt 1391 von Papst Bonifazius IX. das Privileg eine Universität zu gründen. Damit ist eine Festigung der politischen Lage bezeugt, welche der Stadt Ferrara pulsierendes Leben und Ruhm verschaffte.

Niccolò III., Leonello und Borso brachten die Signoria zu weiterer Blüte; unter dem ersten fand hier 1438 das Ökumenische Konzil statt, der zweite umgab sich mit Humanisten und hochgebildeten und raffinierten Gelehrten, und der dritte erhielt 1452 vom Kaiser den Rang eines Herzogs von Modena und Reggio und 1471 vom Papst den Titel eines Herzogs von Ferrara.

Inzwischen war die Stadt mit ihren Stadtmauern bis zu den heutigen großen Achsen Viale Cavour und Corso Giovecca angewachsen. Ercole I. (1471-1505) ließ eine weitere großzügige Stadtmauer errichten, und sein Hofarchitekt Biagio Rossetti entwarf die berühmte «Addizione Erculea».

Alfonso I., Ercole II. und Alfonso II. verwalteten das Herzogtum mit weniger Glück und verloren es schließlich 1597, da kein rechtmäßiger Nachfolger da war.

Ferrara kam nun direkt unter den Kirchenstaat, war aber inzwischen durch den Größenwahnsinn der d'Este heruntergewirtschaftet worden; auch seine handelspolitische Bedeutung hatte durch die Verlegung des Po-Hauptarmes nach Norden einen harten Schlag erlitten, während sie die Kaufleute von Venedig begünstigte, so daß ein allgemeiner gesellschaftlicher und kultureller Niedergang eintrat.

Ferrara wurde eine Grenzprovinz des Kirchenstaates und das wichtigste Bauwerk aus dem 17. Jh. war die Festung, welche 1859 abgebrochen wurde.

Im Jahre 1796 besetzten die Franzosen die Stadt. Später wurde sie in die cisalpinische und cispadanische Republik und schließlich in das italienische Königreich eingegliedert, bis sie 1815 wieder unter den Kirchenstaat kam.

Nach der Volksabstimmung von 1860 kam sie wieder zum italienischen Königreich, aus dem dann der moderne italienische Staat entstand.

Die moderne Geschichte der Stadt in den letzten Jahren des vorigen Jahrhunderts und am Anfang dieses Jahrhunderts wird durch die organisierten Streiks der Landarbeiter charakterisiert. Davon ist vor allem der Streik von Ponte Albersano (1901) denkwürdig. Er endete mit Zusammenstößen mit dem Militär und Toten und Verwundeten und war ein Zeichen für das wachsende Selbstvertrauen der Arbeiterklasse, die mit politischem Verantwortungsbewußtsein den Landbesitzern entgegentraten.

Durch diese Umstände entwickelte sich in Ferrara eine starke und gut durchorganisierte faschistische Partei, dessen führende Persönlichkeit Cesare Balbo war.

Im letzten Weltkrieg entwickelte sich hier aber auch eine starker Widerstandskampf mit großen Opfern und zahlreichen Toten. Die Stadt erlitt viele Bombenangriffe, die auch historisch wertvolle Gebäude beschädigten. Auch für Ferrara leitete der Krieg den Anbruch einer neuen Epoche mit der demokratischen Erneuerung der Republik ein.

DIE ALTSTADT

DAS KASTELL DER D'ESTE

Geschichte. Das Kastell der d'Este in Ferrara ist das Gebäude, das am besten den Geist der Stadt wiederspiegelt; als Zeuge oder Protagonist hat es die bedeutendsten Phasen ihrer Geschichte miterlebt.

Hauptsächlich ist es mit der Geschichte der d'Este verbunden, welche 1264 mit der Ausrufung von Obizzo d'Este die Herrschaft der Stadt antraten. Hier entfaltete sich die Macht der d'Este. Nach ihrem Auszug 1598 wurde das Kastell von den Kardinallegaten bewohnt, da Ferrara bis 1859 unter dem Kirchenstaat war; heute ist es Eigentum und Sitz der Provinzverwaltung und der Präfektur.

Das Kastell wurde 1385 nach einem heftigen Volksaufstand, der auf Grund der schweren Steuerlast durch die d'Este ausgebrochen war, gebaut (der Aufstand endete mit der Ermordung des Finanzministers und Richters Tommaso da Tortona) und war dazu bestimmt, der Familie d'Este als Schutz und Regierungssitz zu dienen, sowie zur militärischen Kontrolle über die Stadt.

Marquis Nicolò II. ließ das Kastell vom Hofarchitekten Bartolino da Novara bauen, der ein Fachmann für Militäranlagen war (wir erinnern an die Kastelle von Finale Emilia und Mantova) und es bekam nach dem Datum des Baubeginns, 29. September, den Namen Castello di San Michele. Der Originalentwurf umfaßte einen bereits bestehenden befestigten Turm, den sogenannten Löwenturm (Torre dei Leoni), der von einem Graben umgeben war und zu den Verteidigungsanlagen im Norden der Stadt an dem heutigen Corso Giovecca und Viale Cavour gehörte.

Man baute drei weitere Türme, die mit dem ersten im Nord-Osten des Gebäudes ein Viereck bildeten.

Schloss Este, *Seitenansicht vom Corso Martiri della Libertà aus gesehen.*

Diese wurden dann durch zweistöckige Gebäude verbunden und durch vier Vorschanzen als Schutz der Eingänge verstärkt; die ganze Anlage wurde dann oberhalb der Kragsteine mit Zinnen gekrönt.

Zunächst wurde das Kastell für das Militär benutzt.

Nach der zweiten Hälfte des 15. Jh. unter der Herrschaft von Borso und Ercole I. begann man es dann als Zubau zur Marquisresidenz am Rathausplatz gegenüber dem Dom zu verwenden und es wurde dann durch einen überdachten Gang mit diesem verbunden. Dieser Gang wurde später zu einem Flügel der Residenz ausgebaut.

Unter Herzog Ercole II. (1534-1559) siedelte der Hof endgültig in das Kastell um und dieses bekam dann sein heutiges Aussehen.

Der Umbau wurde von Girolamo da Carpi ausgeführt; dieser riß die Kragsteine ab und ersetzte sie durch steinerne Balkons; außerdem erhöhte er das Gebäude um ein Stockwerk und entwarf die Orangerie (Loggia degli Aranci) im ersten Stockwerk des Löwenturms und die Altänen auf den anderen Türmen; sein Werk wurde nach seinem Tod von Alberto Schiatti vollendet.

Hofplatz und Innenräume. Im Erdgeschoß gelangt man durch das Außenwerk und die Zugbrücken in den Hof, der mit seinen Laubengängen aus acht Backsteinarkaden auf Steinsäulen im Osten und einem ersten Gesims aus Stein und dekorierten Backsteinen, welches die Höhe des ursprünglichen Gebäudes anzeigt, und einem zweiten Gesims aus Holz, typische Renaissance-Züge aufweist.

Zwei steinerne Brunnen unbekannter Herkunft sind auf zwei der vier Sammelbecken für das Regenwasser angebracht.

In der Nähe des Löwenturms kann man eine Reihe von sehr interessanten Räumen besichtigen.

Unter dem Turm liegt das Verlies, berüchtigt durch die Episode mit Ugo d'Este und Parisina Malatesta, jeweils Sohn und zweite Ehefrau von Niccolò III., die wegen Ehebruch hier gefangen und enthaup-

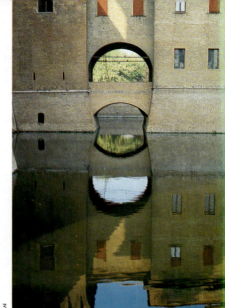

tet wurden, und durch Giulio und Ferrante d'Este, die eine Verschwörung gegen den Bruder Alfonso I. angezettelt hatten.

Im Erdgeschoß sind folgende Säle zu sehen: *Sala del Rivellino* (Saal des Ravelins), einst Zugang zum Kastell vom Osten, der heute durch die Erweiterungen im 16. Jh. in das Gebäude einverleibt wurde; weiter die Küche (sala delle cucine) mit niedriger Gewölbedecke; auf dem Fußboden sind noch die Markierungen der Trennwände um die Kochstellen und die Abflußrinnen sichtbar. Weiter der «sala del cordolo» (Wulstsaal), der die Außenwand des alten Löwenturms mit den typischen steinernen Wülsten markiert und heute ebenfalls in die Anlage mit eingebaut ist.

Mehrere Prunktreppen aus der Renaissance führen zu dem Hauptgeschoß. Davon ist die eindrucksvollste die «scala dei cannoni» (Kanonentreppe), die einst zu dem be-

wehrten Glacis führte und heute in eine der Loggien von Carpi im ersten Stockwerk einmündet.

Im ersten Stockwerk eine lange Reihe von Sälen, deren Decken mit Malereien dekoriert sind.

Diese Fresken wurden in der zweiten Hälfte des 16 Jh. von Herzog Alfonso II. bestellt und von verschiedenen Künstlern aus Ferrara

Schloss Este. 1. Seitenansicht von Viale Cavour aus gesehen; 2. Zugbrücke des Aussenwerks Nord; 3. Der Graben; 4. Hofeingang vom Aussenwerk Nord aus.

ausgeführt; darunter ist vor allem das Werk der Familie Filippi bemerkenswert: der Vater Camillo, die Söhne Cesare und vor allem Sebastian, genannt Bastianino.

Der große und der kleine Spielsaal zeigen in den Feldern zwischen Grotesken, Blumen, Putten und phantastischen Tieren Szenen mit Spielen und sportlichen Übungen nach griechisch-römischem Vorbild.

Im Saal «dell'Aurora» sind die vier Tageszeiten und in der Mitte Chronos mit den Parzen dargestellt.

Schloss Este. *1. Der Hof (16. Jhrh.); 2. Der Kanonenhof (14. Jharh.); 3. Das Gefängnis von Parisina; 4. Spielsaal, mit Fresken geschmücktes Gewölbe (16. Jhrh.); 5-6. Das Rennen der Viergespanne und das combattimento, Einzelheiten des mit Fresken versehenen Gewölbes.*

In dem kleinen Zimmer «Camerino dei Baccanali» (das Bacchantenzimmer) Szenen mit dem Triumph von Bacchus, der Weinlese und «Ariadnes Triumph».

Die Kapelle der französischen Königstochter Renata ist vielleicht das früheste Beispiel einer kalvinistischen Kapelle. Die Gemahlin von Ercole II. war eine treue Anhängerin

Schloss Este. *1. Kleiner Spielsaal: mit Fresken bemaltes Gewölbe (16. Jhrh.); 2. Aurorasaal: mit Fresken versehenes Gewölbe (16. Jhrh.); 3. Baccanalenzimmer; Ariadnes Triumpf.*

dieser Konfession. Die Täfelung aus Marmorplatten hatte den Zweck, jegliches Anbringen von Heiligenbildern zu unterbinden: die Darstellungen der vier Evangelisten im kleinen Gewölbe entstanden im 19. Jh. Vom Dachgarten, dem sogenannten «giardino degli aranci» oder «giardino della Duchessa» mit einem Wintergarten davor, dessen Laubengang und Wanddekoration G. da Carpi zugeschrieben werden, hat man eine herrliche Aussicht über den Platz, die Kathedrale und das Rathaus.

Schloss Este. *1. Die Kapelle der Renate von Frankreich (16. Jhrh); 2. Der Garten der Herzoginnen.*

CHIESA DI SAN GIULIANO

Wenn der Besucher durch den südlichen Ravelin aus dem Kastell heraustritt, so sieht er rechts die kleine Kirche San Giuliano. Diese wurde 1405 errichtet als Ersatz für eine Kirche, die bis 1385 an der Stelle gestanden hatte, wo das Kastell errichtet wurde, und für seinen Bau abgebrochen wurde.

Wie die Inschrift auf einer kleinen Tafel besagt war es der Kämmerer Galeotto degli Avogadri, der den Neubau veranlaßte. Die Fassade von San Giuliano ist bedeutend durch ihre harmonischen Proportionen und ihre reichen Backsteindekorationen. Über dem gotischen Portal ist ein Hochrelief, «Julian tötet die Eltern».

---

1. Die Gärten vom Schlossplatz; 2. S. Julianskirche (15. Jhrh); 3. Der Pferdekopf vom Hof. Auf S. 16-17 Teilansicht des Stadtzentrums.

DAS RATHAUS

Aussenseite. Wenn man unter den Laubengang des Gebäudes mit den berühmten «camerini d'alabastro — den Studierzimmern von Alfonso I. —, das den Estenserpalast mit dem Kastell verbindet, entlanggeht, so erreicht man die Piazza Savonarola, mit dem Denkmal von Savonarola von Stefano Galletti (1875).

In südlicher Richtung, die Straße entlang, die nach dem Vorplatz vor der Kathedrale führt, liegt das Rathaus, das einst die Residenz der Familie d'Este war. Zur Piazza Savonarola hin hat das Gebäude einen Laubengang aus dem 16. Jh.; der Rest der Fassade wurde 1738 von den Architekten Angelo und Francesco Santini erneuert, kurz nach dem Umbau des gegenüberliegenden Palazzo Arcivescovile durch den Architekten Tommaso Mattei. Der Fassadenteil gegenüber dem Dom ist eine freie Nachbildung der Jahre 1924-28 von der originalen Fassade aus dem 14. Jh., die mit dem Turm «Della Vittoria» abschließt, wo unten ein Denkmal über den Sieg am Piave im 1. Weltkrieg von Arrigo Minerbi steht.

Volto del cavallo. Gegenüber dem Haupteingang des Doms ist die Wölbung mit dem Eingang zum Rathaus, die sogenannte «Volto del Cavallo». Rechts und links die Statuen von Herzog Borso auf dem Thron und Marquis Niccolò III., zu Pferd. Beide Statuen sind Kopien der Originale (Giacomo Zilocchi, 1927), die 1796 von den Franzosen zerstört wurden. Das Reiterdenkmal entstand auf Anregung des Hohen Rats der 12 Weisen zum Gedenken an den Tod des Marquis, und ist ein Werk der Bildhauer Nicolò Baroncelli, Antonio di Cristoforo und Domenico di Paris; es wurde 1451 aufgestellt. Der Bogen im klassisch-römischen Stil, auf dem das Reiterdenkmal steht, wurde von Bartolomeo di Francesco nach einem raffinierten, Leon Battista Alberti zugeschriebenen Entwurf geschaffen. Das andere Denkmal wurde 1453 von Nicolò Baroncelli errichtet.

Der Innenhof. Unter dem Bogen hindurch erreicht man den ehemaligen Innenhof der Hofresidenz, den heutigen Rathausplatz.

Bemerkenswert sind vor allem die Fenster aus Stein mit Dreipaß, das Portal der ehemaligen Hofkapelle und die Freitreppe. Diese ist ein Werk des Architekten Pietro Benvenuti (1481) mit Gewölbedecke und einer Kuppel über dem Zwischenpodest, das ganze gestützt von kannelierten Säulen und großen Bögen.

Die Innenräume. Über die Freitreppe kommt man in die Vorhalle, wo man gleich bemerkt, daß das Innere von Grund auf umgestaltet wurde. Von der Vorhalle betritt man den großen «Salone del Plebiscito» (Saal der Volksabstimmung), in der 1860 der Anschluß an das ital. Königreich beschlossen wurde. Hier ist das große Werk «Die Schrecken des Krieges» von Gaetano Previati (1894).

Der einzige Raum, der heute noch and die herzogliche Residenz erinnert, ist «Lo Stanzino delle Duchesse» (Zimmer der Herzoginnen) der zwischen den Jahren 1555 und 1560 für Lucrezia und Eleonora d'Este gebaut wurde. Hier kann man eine Reihe von Feldern über einem Holzsockel, die von Säulen unterteilt werden, bewundern. Die Dekorationen mit Grotesken, Sirenen, Blumengirlanden, Kariathyden und Göttern werden Cesare, Camillo und vor allem Sebastiano Filippi zugeschrieben.

Das Rathaus. *1. Der Hof: Ehrentreppe (15. Jhrh.) und Siegesturm; 2. Das Zimmer der Herzoginnen: Einzelheit (16. Jhrh.); Palast des Erzbischofs: Fassade (18. Jhrh.); 4. Die Kathedrale.*

DIE KATHEDRALE

Die Kathedrale von Ferrara reicht auf das Jahr 1135 zurück, als sie dem Heiligen Georg geweiht wurde.

Der ernste romanische Grundstil des Gebäudes ist in harmonischer Weise mit gotischen Elementen verschmolzen und reiht sich stilistisch zu den bedeutenden Gotteshäusern jener Epoche in Oberitalien ein (Dom von Modena, San Zeno in Verona u.a.).

Diese Kathedrale ersetzte diejenige (die heutige Kirche San Giorgio), die an der süd-östlichen Stadtgrenze liegt und trug also bemerkenswert zur Ausdehnung der mittelalterlichen Stadt Ferrara in nördliche Richtung bei. Um die Kathedrale wurden die wichtigsten öffentlichen Paläste in der Tat mit der Zeit gebaut (die Marquisresidenz, der Palazzo della Ragione und der Bürgermeisterpalast) und der Platz wurde das Zentrum nicht nur für das religiöse und politische Leben, sondern auch für den Handel.

Die dreiteilige Fassade reichte anfänglich nur bis zur unteren Loggienreihe und läßt mit ihren drei Portalen ihr festes romanisches Grundgepräge erkennen. Ein Jahrhundert später wurden die Rundbögen durch Triforien mit dekorierten Rosenfenstern zusammengefaßt, und die Fassade wurde mit einer zweiten Loggienreihe aufgestockt, mit weiten tief ausgeschmiegten zweibögigen Fenstern.

Die drei Tympanons wurden durch eine Arkadenreihe mit kleinen Bogen und zentralen Rosenfenstern vervollständigt.

Die Dreiteilung der Fassade wurde durch das Spitzensystem der zwei Streibepfeiler betont, während das Protirum auf dem zentralen Portal gebaut wurde.

Es ist nicht möglich, das Werk ei-

nem Urherber-Architekt zuzuschreiben, was übrigens für andere Werke aus gleicher Zeit vorkommt, während das Bildwerk Nicholaus, Meister der romanischen Bildhauerei mit Wiligelmo als hervorragendem Hauptvertreter, zugeschrieben wird. Der Name Nicholaus ist in der Lünette des Portals mit dem Heiligen Georg, der den Drachen tötet, eingegraben.

Am Architrav acht Kassetten nach der Geburt Christi inspiriert, in den Zwickeln die Gestalten von J. dem Täufer, dem Gottes Lamm und einem Jungen mit dem Evangelium.

Das Protirum wurde gegen die Mitte des 13. Jh. gebaut und ist durch Löwen und Telamen gestützt - Kopien aus dem 19. Jh. von den Originalen, die heute in der Vorhalle der Kathedrale zu sehen sind.

Die fein gearbeitete Arkade des Protirums enthält in den beiden seitlichen zweibögigen Fenstern eine «Madonna mit Kind» von Cristoforo da Firenze (1427).

Im Tympanon das «Jüngste Gericht» nach der Apokalypse von Johannes, von einem unbekannten Meister. Unten der Zug der Verdammten rechts und der Seligen links, die zu den seitlichen Lünetten mit dem Höllenschlund und Abraham gewandt sind. Darüber Christus als Weltenherrscher umgeben von Erzengeln, Johannes und der Jungfrau.

Auf den Seiten an der Fassade eine Statue von Alberto d'Este, der 1391 von Papst Bonifazius IX. die Bulle für die Errichtung der Universität erhielt und die Büste von Clemens VIII., der 1598 nach Ferrara kam, um hier wieder die Herrschaft des Kirchenstaates zu sichern.

Die nördliche Seitenwand des

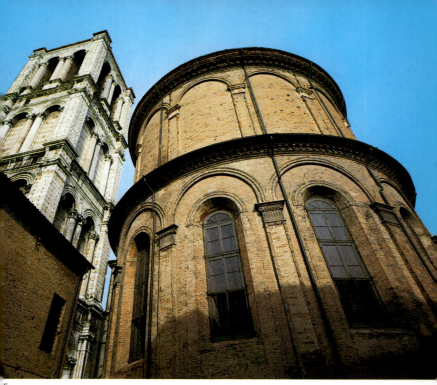

Gotteshauses zur Via degli Adelardi hin zeigt noch deutlich die romanische Anordnung. Sie ist in 18 Teile mit je drei Bögen unterteilt, die den Laubengang bezeichnen. Einst befand sich an dieser Seite in der Mitte das Portal «porta del giudizio» (des Jüngsten Gerichts), das zum Friedhof führte. An der Rückseite der Kathedrale ist die halbkreisförmige Apsis sichtbar, die 1498 von Biagio Rossetti hinzugefügt wurde; eine geschickte architektonische Lösung mit hohen Fenstern und Backsteindekorationen, die zur Schönheit des Bauwerks als Gesamtkomposition beiträgt.

Die Südseite hat zwei Arkadenreihen. Die untere besteht aus 20 Rundbögen auf halbrunden Säulen, von denen jeder durch drei Bögen auf Doppelsäulen unterteilt ist. Die obere Reihe stammt aus späterer Zeit und besteht aus 65 Bögen, die

Die Kathedrale. 1. Vorhalle. 2. Rechter Eingang mit der Statue von Alberto d'Este; 3. Das Hauptportal. Im Lünettenrelief St. Georg mit dem Drachen: Basrelief (12. Jhrh.); 4. Die Vorhalle. Löwe mit Telamon: Kopie (19. Jhrh.); 5. Apsis von Biagio Rossetti (15. Jhrh.) und Glockenturm von Leon Baptist Alberti (15. Jhrh.); 6. Atrium: der Originaltelamon der Vorhalle (12. Jhrh.). Auf der nächsten Seite: Seitenwand zum Platz Trento und Trieste.

in Gruppen von vier zusammengefaßt sind.

Mitten in der Wand ist die Stelle erkennbar, wo sich einst das Portal der Monate (porta dei mesi) befand, das 1717 abgebrochen wurde, um dem langen Laubengang «loggia dei mercanti» Platz zu schaffen (Baubeginn 15. Jh.).

Die Figuren, die das Portal schmückten, werden heute im Dommuseum aufbewahrt. Ein weiteres Portal weiter östlich, die sogenannte «porta dello staio» (des Scheffels) wurde ebenfalls beim Bau des Laubengangs abgebrochen und zugemauert.

An der gleichen Seite steht der 1412 begonnene Glockenturm, der einem Entwurf von Leon Battista Alberti zugeschrieben wird, jedoch unvollendet blieb. Er ist aus Stein und im klassisch-römischen Stil. Im unteren Stockwerk stehen die Skulpturen der vier Evangelisten aus dem 15. Jh. und zwischen den beiden Bögen eine Büste des Hl. Maurelius mit segnender Gebärde von Matteo Castaldi (1466).

Das Innere. Der Innenraum des Doms wurde im 18. Jh. vom Architekten Francesco Mazzarelli überholt, der gegen 1710 die romanischgotische Grundanlage in eine dreischiffige umwandelte und über die erste Spannweite die Vorhalle baute.

In der Vorhalle sind die originalen Telamen des Protirums, 2 Sarkophage (einer aus dem 5. Jh. und einer aus dem 14 Jh.), ein romanisches Weihwasserbecken und ein säulentragendes Kalb aufbewahrt

Beim Eingang zwei Fresken aus der heute abgebrochenen Kirche San Pietro, das Werk von Benvenuto Tisi (gen. Garofalo) (1530) mit Petrus und Paulus. Die beiden Engel die das Weihwasserbecken stützen sind ein Werk der Brüder Vaccà aus dem Jahr 1745.

Im rechten Seitenschiff befinder sich die bedeutendsten Kunstwerke: 1. Altar: eine «Gnadenmadonna» aus dem 15. Jh., die Ettore Bonacossi zugeschrieben wird; 3. Altar: eine «Madonna auf den Wolken mit den Heiligen Barbara und Kat

harina» aus der 2. Hälfte des 16. Jh. von Bastianino; 4. Altar: «Maurelius als Märtyrer» mit den Heiligen Laurentius und Francesco auf Holz von Ippolito Scarsella gen. Scarsellino (Mitte 16. Jh.) und «Catharina in Anbetung der Dreifaltigkeit» — ebenfalls auf Holz — von Dielaì (Ende 16. Jh.); 7. Altar: «Laurentius als Märtyrer» von Giovanni Francesco Barbieri gen. Guercino aus Cento (1629).

Hinten in diesem Seitenschiff die «Kreuzigungsgruppe» aus Bronze mit Christus auf dem Kreuz, Maria und Johannes dem Täufer, wahrscheinlich aus dem Jahre 1450, von Nicolò und Giovanni Baroncelli, Mitarbeitern von Donatello. Die Gruppe wird von den Statuen der Schutzheiligen der Stadt Georg und Maurelius von Domenico di Paris (1466) umrahmt. Am Sockel das Grabmal von Monsignor Ruggero Bovelli (1955) im Stil der Neu-Renaissance.

In den Nischen auf dieser Seite des Schiffes und in den entsprechenden Nischen des anderen Seitenschiffes polychrome Terracottabüsten mit Christus und den Aposteln von Alfonso Lombardi, die zwischen 1524 und 1525 für San Giuseppe in Bologna geschaffen und 1771 nach Ferrara gebracht wurden.

Im Chor links das Grabmal von

Kathedrale: Inneres. *1. Mittelschiff; 2. Hl. Peter: Benvenuto Tisi (16. Jhrh.); 3. Hl. Paul: Benvenuto Tisi (16 Jhrh.).*

Papst Urban III., der 1187 in Ferrara starb; rechts die Büste von Papst Clemens XI. Das dreiteilige Chorgestühl aus Nußbaum mit 150 Stühlen entstand Anfang 16. Jh. in der Werkstatt von Daniele und Bernardino Canozzi. Es ist in Einlegearbeit mit Bauten von Ferrara, Heldentaten der d'Este und Kultgegenständen dekoriert. Der Bischofsstuhl von Luchino di Francia und Ludovico da Brescia entstand 1534.

In der Apsiswölbung das großartige Fresko mit dem «Jüngsten Gericht» von Bastianino (zwischen 1577 und 1580); es wurde von dem «Jüngsten Gericht» von Michelangiolo in der Sixtinischen Kapelle in Rom inspiriert.

Die Stuckarbeiten im Chor stammen aus dem ausgehenden 16. Jh. und sind von Agostino Rossi und Vincenzo Bagnoli.

Vom linken Seitenschiff gelangt man hinten in die Kapelle des Heiligen Sakraments; sie ist mit einem

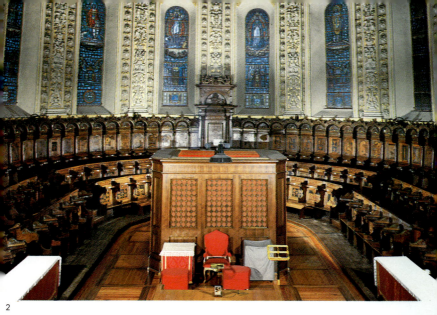

«Abendmahl» von Giacomo Parolini dekoriert (18. Jh.).

Beim Rundgang zurück durch das linke Seitenschiff sieht man dann beim ersten Altar eine «Krönung der Jungfrau» aus Holz von Francesco Raibolini gen. Il Francia (16. Jh.). Über dem Hauptaltar dieses Schiffs (4. Kapelle) eine Leinwand mit «Georg als Märtyrer» aus dem 18. Jh. von Ercole Graziani; rechts «Hochzeit Mariens» von Nicolò Roselli (Ende 16 Jh.) und links «Die Jungfrau als Befreierin» (16. Jh.), die vielleicht Benvenuto Tisi gen. Garofalo zugeschrieben werden kann.

In der 6. Kapelle eine «Madonna auf dem Thron mit Heiligen» von Garofalo (1524).

Die letzte Kapelle enthält ein kostbares achteckiges Taufbecken aus einem einzigen Marmorblock aus byzantinischer Zeit.

Kathedrale: Inneres. 1. Chor und Apsis; 2. Die 150 Chorstühle aus Holz (16. Jhrh.); 3. Apsis. Einzelheit des Jüngsten Gerichts: Fresko von Sebastiano Filippi (16. Jhrh.).

DOMMUSEUM

Von der Vorhalle aus erreicht man das Dommuseum mit einigen bedeutenden Werken, von denen wir die interessantesten nachstehend aufführen: die gemalten Tafeln der alten Orgel von Cosimo Tura, einem Meister der Malerschule von Ferrara (1469) mit «Georg und die Prinzessin» (Flügel geöffnet) und «Verkündigung» (Flügel geschlossen).

Unter den Skulpturen eine «Madonna mit Granatapfel» von Jacopo della Quercia (1406) und vom gleichen Meister «Maurelius» (1422).

Interessant sind auch große Gobelins von dem Flamen Johann Karcher nach Kartons von Camillo Filippi, die zwischen 1551 und 1553 in Ferrara ausgeführt wurden.

Weitere Bildhauerarbeiten von großem Interesse sind die Tafeln der alten Kanzel aus dem 13. Jh., ein romanisches Kapitell im Stil des Antelamo aus dem 12. Jh. mit «Herodes, Salome und dem Täufer», und schließlich 12 Tafeln mit allegorischen Darstellungen der Monate, ein Reiterdenkmal von Guglielmo degli Adelardi und ein Kapitell von dem «Tor der Monate», südlichem Domeingang, das nach 1226 dekoriert worden war.

Museum der Kathedrale: Orgelbild. *1. Hl. Georg und die Prinzessin: Cosimo Tura (15 Jhrh.); 2. Die Verkündigung: Cosimo Tura (15. Jhrh.); 3. Hl. Maurelius, Bischof: Jacopo della Quercia (15. Jhrh.); 4. Die Hl. Jungfrau des Granatapfels: Jacopo della Quercia (15 Jhrh.).*

2

3 4

Museum der Kathedrale: *1. Die Ausrufung des Hl. Maurelius zum Bischof: Gobelin (16 Jhrh.); 2. In Miniatur gemaltes Chorbuch: Einzelheit (15. Jhrh.); 3. Tür der Monate: die Septembertafel (12 Jhrh.).*

PIAZZA TRENTO E TRIESTE

Dieser einstige Marktplatz wurde durch den Abbruch der Stadtmauern des 9. und 10. Jh. geschaffen. Hier liegen and der gleichen Seite wie die bereits erwähnte Loggia dei Merciai am Dom der Uhrenturm — «torre dell'orologio» aus dem 13. Jh., der 1603 von Giovan Battista Aleotti umgebaut und erhöht wurde, der neue Palast, den man über den Resten des alten «Palazzo della Ragione» aus dem 13. Jh. errichtete, der nach dem letzten Krieg zerstört worden war und von dem nur einige steinerne Pfeiler verblieben sind, und der Turm, der ein moderner Wiederaufbau des Turms der Aufständigen, «torre dei ribelli» aus dem 13. Jh. ist.

An der Schmalseite des Platzes im Osten Palazzo di San Crispino, früher Sitz der Schusterinnung, dessen Fassade in der Mitte des 19. Jh. erneuert wurde. Er schließt die Renaissance-arkaden in Via Mazzini neben dem Eingang zum ehemaligen jüdischen Getto ab.

KIRCHE S. ROMANO

Diese Kirche liegt mit der Seite zum Platz Trento e Trieste und mit der Fassade zur Via San Romano. Der älteste Teil stammt aus dem 10. Jh.; im 11. Jh. wurde die Kirche ausgeschmückt und durch eine Apsis und einen kleinen Kreuzgang vergrößert; ihr endgültiges Aussehen erhielt sie im 14. Jh.

Besonders sehenswert sind das Basrelief in der Lünette mit «San Romano zu Pferd» (13. Jh.) und die präromanischen Backsteindekorationen der Apsis.

Der hallenförmige Innenraum mit einer Apsis ist durch eine kleine Sakristei aufgegliedert.

Es verbleiben nur wenige Fragmente von den Fresken, die abge-

3

nommen und heute in der Nationalgalerie zu sehen sind.

Der kleine Kreuzgang wurde nach Beschädigungen im letzten Weltkrieg wieder aufgebaut. Er ist sehr stimmungsvoll durch seine harmonische Anordnung mit Säulen und originellen Kapitellen, von denen die ältesten aus dem 10. Jh. stammen.

Trento-Trieste-Platz. *1. Ansicht der Nordseite: die Seitenflanke der Kathedrale; 2. Ansicht der Südseite: auf den Grundmauern des Ragione-Palastes wieder aufgebautes Gebäude; 3. St. Romanskirche; 4. Kreuzgang von St. Roman.*

DIE MITTELALTERSTADT

Vor einem eingehenderen Besuch der Mittelalterstadt sollte man daran denken, daß die Altstadt oder der von der Renaissancestadtmauer umschlossene Teil der Stadt aus zwei zeitlich und morphologisch deutlich von einander getrennten Teilen besteht, die physisch durch die Achse Viale Cavour (einst der Panfilio-Kanal, der den Burggraben mit Pontelagoscuro verband) und Corso Giovecca getrennt werden. Weiter südlich entwickelte sich der älteste Teil der Stadt mit ihren Erweiterungen im 15. Jh., im Norden liegt die «Renaissance-Neustadt», die sogenannte Addizione Erculea. Diese entstand nach einem Stadtbauplan, der Ferrara zur ersten europäischen Stadt machte, die für die intelligente und städtebauerische Weitsichtigkeit berühmt wurde. Ein kurzer Überblick uber die wichtigsten Entwicklungsphasen im Mittelalter und im 15. Jh. hilft uns auch die städtebauerische Anordnung von Ferrara leichter zu verstehen, bei der mehrere Teile erkennbar sind, deren Straßenzüge sich von einander unterscheiden und jeweils typische Stadtviertel umschließen.

In großen Zügen kann die Entwicklung der Stadt wie folgt zusammengefaßt werden:

1. Der erste Kern des heutigen Ferrara war ein **castrum**, das die Byzantiner zur Verteidigung ihres Gebietes am linken Ufer des Flusses bei einer Furt gründeten; in jener Zeit (8. Jh.) war das Gebiet eine Lagune, wo schon früher eine Siedlung mit Bischofssitz bestand (heute S. Giorgio), jedoch am rechten Ufer des Flusses. Bis 1135 blieb S. Giorgio die Kathedrale der Stadt. Das Militärlager der Byzantiner wurde auch «Castello dei Cortesi» genannt und war mit Sicherheit von den Straßen Ghisiglieri, Borgo di Sotto, Carmelino Cammello und im Süden von Via Carlo Mayr begrenzt, die damals am Ufer des Pohauptarmes lag. Die Hauptstraße des castrum war die heutige Via Porto S. Pietro.

2. Wegen der günstigen Lage an der Furt kam bald zur militärischen eine wirtschaftliche Bedeutung hinzu und gleichzeitig wurden Entwässerungskanäle angelegt, um die Stadt vergrößern zu können. Im Jahre 984 begann der neue Feudalherr von Ferrara, Tedaldo di Canossa, flußaufwärts mit dem Bau des Castel Tedaldo (das am Anfang des 17. Jh. abgebrochen wurde um für die päpstliche Festung Platz zu schaffen); so bildete sich zwischen den beiden Festungen eine **città lineare**, die im Norden von der Verteidigungslinie der ersten Stadtmauer zwischen den beiden Festungen—deren Verlauf etwa der ehemaligen Via dei Sabbioni, heute Via Garibaldi, Via Mazzini und Via Saraceno folgte—und im Süden vom Fluß begrenzt und geschützt wurde.

In dieser Zeit zwischen Ende des 10. Jh. und dem 12. Jh. war Ferrara an drei Längsachsen entlang ausgerichtet: Via Ripagrande-Via Carlo Mayr als Hafendamm, Via delle Volte als wirtschaftliches Zentrum für den damit verbundenen Handel, und Via dei Sabbioni; in jener Zeit gab es noch quer dazu den Kanal S. Stefano (heute Via Bocca Canale di Santo Stefano) der von Norden nach Süden durch die Stadt floß und sie sozusagen in zwei Inseln teilte.

3. Seit dem Gründungsjahr der Kathedrale 1135 entwickelten sich eine Reihe von Straßen die zu ihr führten: Via San Romano, Corso Porta Reno, Via Vignatagliata und andere, die den Mittelpunkt von Handel und Verkehr (den Fluß) mit dem neuen Mittelpunkt des religiösen und bürgerlichen Lebens verband. Trotz der inneren Zwistigkeiten auf Grund des Übergangs von Feudalherrschaft zur freien Komune genoß die Stadt in dieser Zeit einen gewissen Wohlstand, der sich erheblich auf die städtebauerische Entwicklung auswirkte.

Es bildete sich ein neues Zentrum, wo der Palazzo della Ragione und der Palazzo del Signore (später

Palazzo Ducale) errichtet wurden (Fertigstellung 1283) und außerdem dehnte sich die Stadt immer mehr nach Norden aus.

4. Außerhalb der Stadtmauer entstand **borgo nuovo** (die Neustadt) bei der heutigen Via Cairoli, welche zu Beginn des 13. Jh. in die Stadt eingegliedert wurde. Man begann dann mit der Errichtung einer neuen Stadtmauer, und zwar an

1. Strasse Via delle Volte; 2. Bogengang mit kleinem gotischen Bogen in der Strasse Via Gioco del Pallone.

ın heutigen Corso Giovecca entlang, und diese blieb bis zum Anfang des 16. Jh. wirksam.

Über die Ausdehnung dieses neuen Stadtteils, der ab und zu die ungenaue Bezeichnung **Addizione Adelarda** erhielt, sind sich die Geschichtsforscher nicht einig: auf jeden Fall handelt es sich um die Eingemeindung des Gebietes nördlich von den ursprünglichen Verteidigungsanlangen durch den Bau einer weiteren Stadtmauer. Dieses Gebiet war zum Teil schon bebaut wie die Gegend bei Via Carioli; andere Zonen entwickelten sich erst später wie die Gegend, deren Hauptachse **Via S. Francesco** (die heutige Via Voltapaletto und Via Savonarola) bildete: diese entwickelte sich nach 1385, d.h. nach der Gründung des Kastells der d'Este. In diesem großen Teil der Stadt, der im Westen von der heutigen Via Bersaglieri del Po und im Osten von Via Ugo Bassi und Via Madama begrenzt wird, bauten die Angehörigen des Estenserhofes ihre schönen Paläste mit großen Innenhöfen und Gärten, von denen es noch viele in Via Savonarola gibt.

5. Um 1320 war auch die Gegend von **borgo di sotto** (oder Borgo Vado), einem Dorf, das sich um die Kirche S. Maria in Vado gebildet hatte, eingemeindet worden; die Straßen in weitmaschiger Gitterform bezeugen ihre Entstehung in späterer Zeit als die erste benachbarte Siedlung in dieser Gegend. Etwa zwischen der byzantinischen Festung und der späteren Stadtmauer von der Addizione Erculea, die im Norden von Via Cisterna del Follo begrenzt wird, liegen das Lustschlößchen Schifanoia (1385) und zahlreiche Klöster, die sie als «Grünfläche» der mittelalterlichen Stadt kennzeichneten.

6. Schließlich kam 1451 die sogenannte **Addizione di Borso** hinzu, d.h. die Eingemeindung der Flußinsel S. Antonio, die durch das Austrocknen des Po an dieser Stelle ermöglicht wurde: Via Ripagrande verlor dadurch endgültig ihre Bedeutung als Hafendamm und wurde zu einer normalen Straße, während die Verbindung zwischen Insel und Festland, Via Ghiara (heute Via XX Settembre) zur Achse wurde, um die sich der neue Stadtteil gliederte.

Dieser neue Stadtteil war hauptsächlich von Kaufleuten bewohnt, die stärker mit dem Land verbunden waren, das jetzt durch umfassende Entwässerungsarbeiten neu gewonnen wurde, als mit dem Hafen, dessen Bedeutung durch die Änderung der Flußverlaufs nunmehr seit langem abgenommen hatte.

Noch größer ist der morphologische Unterschied zum ältesten Stadtkern: die Straßen sind breit und weiträumig und die Häuser waren zwar keine Paläste aber sie waren nach «modernen» Gesichtspunkten mit Gärten und Arkaden angelegt. Das Straßennetz südlich von Viale Cavour hat in der Gegend, die heute von dem **Quartiere Giardino** eingenommen wird, zwischen Corso Isonzo im Osten und den Mauern im Süden und Westen eine deutliche Lücke: hier lag zunächst Castel Tedaldo, zur Zeit der d'Este umgeben von Häusern, Palästen und Kirchen; am Rand war die Insel Belvedere mit dem berühmten Lustschloß von Herzog Alfonso. Dieser Teil der Estenserstadt wurde zwischen 1599 und 1610 abgebrochen, um der päpstlichen Festung Platz zu schaffen. Diese erlitt um die Mitte des 19. Jh. das gleiche Schicksal und wurde fast aus der Geschichte ausgelöscht.

Wir empfehlen einen Spaziergang durch Via delle Volte mit ihren Querstraßen wie Via Lucchesi, Via Muzzina, Via Sacca usf. bis zur Via San Romano, Via Ragno, Via Vignataglata, weiter Via Cammello, Via Fondobanchetto usf., um einem Eindruck zu bekommen wie die Stadt sich um den ältesten Kern entwickelte: Via Savonarola, Via Terranuova, Via Paglia, Via Beatrice d'Este, Via Madama. Wir möchten den Besucher aber nicht von festgelegten Rundgängen für einen Besuch der Altstadt abhängig machen: man sollte mit Muße durch die Straßen schlendern, um ihre Stimmung und die harmonische Anordnung der Häuser zu genießen. Dabei sollte man besonders die Via delle Volte beachten, die ihren Namen von den Übergängen zwischen den Häusern und ihren Nebengebäuden in den dahinterliegenden Straßen bekam.

Zu dem volkstümlichen Gesamteindruck gesellt sich auch die besondere Atmosphäre und macht sie zu einer der bekanntesten Straßen von Ferrara.

Dieser Teil der Stadt hat viele Denkmäler und historische Sehenswürdigkeiten. Man sollte ihn möglichst von Westen nach Osten nach der bereits angegebenen Einteilung der Stadt erforschen.

DIE LINEARE STADT
(von Via Garibaldi durch Via delle Volte bis Via Mazzini)

CHIESA DI SANTA MARIA NUOVA (SAN BIAGIO)

Das architektonische Interesse dieser Kirche ist durch die Umbauarbeiten im 19. und 20. Jh. sehr beeinträchtigt worden. Sie bleibt aber bemerkenswert auf Grund ihres hohen Alters (Gründung im 9.-10. Jh.); die Stelle scheint aber schon im 7. Jh. bewohnt gewesen zu sein als es ein Kleines Stück Land war, das aus dem Fluß herausragte. In der Krypta die Grabmäler der Familie Aldighieri, der ferrareser Vorfahren von Dante, von denen der Dichter über den Großvater Cacciaguida den Namen annahm.

PALAZZO BENTIVOGLIO

Dieser Palast bestand bereits 1512, als die aus Bologna verjagte Familie Bentivoglio nach Ferrara flüchtete, und wurde 1580 vom Marquis Leonello umgebaut.

Durch spätere Beschädigungen und unsachgemäßen Gebrauch sind viele Teile dieses herrlichen Palasts von riesigen Ausmaßen verlo-

---

1. Strasse Via Garibaldi; Palast Bentivoglio; 2. Das Portal: Einzelheit.

ren gegangen. Es verblieb die Fassade, die für Ferrara einzigartig ist. Vor allem ihre Dekorationen haben römischmanieristischen Charakter und sie ist durch ein großes Portal mit den Familienwappen darüber und 8 geschnitzten Trophäen und anderen dekorativen Elementen aus Stein geschmückt. Der Bau wurde seinerzeit ohne Grund Aleotti zugeschrieben, (der aber als Architekt einen völlig anderen Stil benutzte); mit Wahrscheinlichkeit ist er aber Pirro Ligorio, einem Architekten aus Neapel, der in Rom mit Girolamo da Carpi im Dienst des Kardinals Ippolito II. d'Este arbeitete, zu verdanken. Pirro Ligorio schuf Palazzo Spada, von dem diese Fassade abgeleitet scheint, und seine Anwesenheit in Ferrara zwischen 1568 und 1583 ist urkundlich belegt.

SAN DOMENICO

Die heutige Kirche S. Domenico stammt aus dem Jahr 1726 und ist ein Werk des Architekten Vincenzo Santini, der die Fassade in moderatem Barockstil mit Statuen von Andrea Ferreri schmückte.

Der einschiffige Innenraum wird durch große Fenster erhellt und die Seitenkapellen sind mit Gemälden von Malern des 17.-18. Jh. aus Ferrara geschmückt (Scarsellino, Bononi, Cignaroli, usf.).

Zu den interessantesten Werken der Kirche gehört ein kleines Basrelief mit «Madonna und Kind» von Antonio Rossellino an der Rückseite des Hauptaltars. Ebenfalls im Chor das geschnitzte Chorgestühl aus dem Jahre 1384, das in seiner Art in Ferrara einzigartig ist. Sehenswert sind auch die Gräber von Gian Battista Canani, dem Leibarzt von Papst Julius II., und von Herzog Alfonso II. (1573) und Kardinal Julius in der Canani Kapelle. Die Umgebung von San Domenico wurde von Santini radikal umgestaltet. Er errichtete sein Werk über den Resten einer Kirche aus dem 13. Jh., von der heute die Apsis verblieben ist, die in ungewöhnlicher Weise neben der Fassade als Sakristei angegliedert ist, sowie der abgekürzte Kirchturm.

Neben der Fassade der mittelalterlichen Kirche (d.h. beim Chor des heutigen Baus) lagen die Gebäude der «Crocette di San Domenico» in denen die ersten Fakultäten — Medizin, Philosophie und Naturwissenschaften — der Universität ihren Sitz hatten.

Geht man die Via Boccanale di Santo Stefano entlang, wo — wie bereits erwähnt — im Mittelalter der wichtigste Kanal der Stadtmitte floß, so kann man die Gestaltung der anliegenden Gebäude mit den Laubengängen genießen. Laubengänge sind für Ferrara nicht üblich und wurden an dieser Stelle wahrscheinlich auf Grund des Kanals benutzt.

Von der Häuserzeile fällt **Casa Cini** besonders ins Auge, das aus dem

Mittelalter stammt und im 15.-16. Jh. umgebaut und dekoriert wurde: dieser Bau ist als Beispiel für einen in Ferrara sehr verbreiteten Häusertyp interessant.

Die gegenüberliegende **Kirche Santo Stefano** stammt aus dem 13. Jh. und wurde am Anfang des 15. Jh. umgebaut: die Fassade hat ein Backsteingesims mit Bögen, das in den Kirchen der Altstadt aus der gleichen Zeit sehr verbreitet war und ist durch ein Rosenfenster mit dem Monogramm Christi im Strahlenkranz und Medaillons mit Heiligen geschmückt; das Portal gehörte eigentlich zu einer anderen Kirche und wurde später hinzugefügt.

CHIESA DI SAN PAOLO

Die Kirche San Paolo dicht bei der Via delle Volte, einer sehr wichtigen Verkehrsader im mittelalterlichen Ferrara, existierte schon im 10. Jh. Das heutige Aussehen bekam sie von Alberto Schiatti, der sie nach dem Erdbeben 1570 wieder aufbaute und Anfang 17. Jh. vollendete. An der Fassade sind die Themen der hiesigen Renaissance harmonisch mit der Architektur des ausgehenden 16. Jh. mit römischem Einfluß verschmolzen; der dreischiffige Innenraum hat überall einfache Dekorationen, die mit den Gemälden zusammen die Kirche fast zu einer permanenten Ausstellung der Werke der Maler aus Ferrara im ausgehenden 16. Jh. macht; von Scarsellino sind die Büsten der Heiligen Karmelitaner in den Zwickeln der Bögen des Haupt-

1. Strasse Via Spadari; Kirche des Hl. Domenikus; 2. Inneres: Hl. Domenikus in Herrlichkeit; 3. Strasse Corso Porta Reno: Kirche des Hl. Paul.

schiffs, einige Gemälde in der dritten Kapelle links und vor allem die «Himmelfahrt von Elias» in der Apsiswölbung. Viele Jahrhunderte lang wurde dieses Gemälde kaum beachtet, es wird aber heute von der Kunstforschung als unbeachteter Vorläufer des Werkes von Carracci wieder aufgewertet. Es ist auf das letzte Jahrzehnt des 16. Jh. datierbar und hier wird zum ersten Mal ein religiöses Thema so in eine Landschaft hineingestellt, daß es fast zum Hintergrund wird: ein Motiv, das in jener Zeit zum mindesten ungewöhnlich, wenn nicht gar ketzerisch wirken mußte.

Von Bastianino enthält die Kirche einige späte Werke. Seine Manier ist in der Schule von Michelangelo ausgebildet und wurde hier mit den Erfahrungen der venezianischen Malerei (vor allem Tizian) verschmolzen: unter anderem können wir hier «die Auferstehung», «die Verkündigung», «die Beschneidung» sehen. Die großen Gemälde mit den Geschichten von Paulus an den Wänden des Chores gehören zu den besten Werken von Domenico Mona.

Die Kirche enthält zahlreiche Grabmäler von berühmten Persönlichkeiten des Kulturlebens von Ferrara, wie Dichter, Musiker und Maler, so daß sie oft als das «Pantheon» von Ferrara bezeichnet wird.

Links neben dieser Kirche der uralte Turm «**torre dei Leuti**», der heute Kirchturm ist: es ist das einzige Überbleibsel der zahlreichen «torri gentilizie» — Stadttürme, die sich die einflußreichen Familien zur Zeit der Komune bauen ließen. Zur Kirche gehörte ein großes Kloster mit zwei Kreuzgängen, verschiedenen Nebengebäuden und Gärten, die zusammen einen ganzen Häuserblock einnahmen; von großem Interesse ist auch der erste Kreuzgang aus dem 16. Jh., der zwar auch nach dem letzten Weltkrieg wieder aufgebaut werden mußte.

Kirche des Hl. Paul. *1. Inneres; 2. Apsisbecken; Der Raub des Elias: Scarsellino (16. Jhrh.); 3. Der Kreuzgang.*

PALAZZO PARADISO

Der Tradition nach soll dieser Palazzo seinen Namen nach einem Fresko bekommen haben, das Antonio Alberti ausführte, als Papst Eugen IV., Kaiser Johannes Paleologo und der Patriarch von Konstantinopel hier weilten, um 1438 dem Konzil von Ferrara beizuwohnen. Der Name existierte aber schon vorher: Marquis Alberto V. d'Este ließ das Gebäude nämlich schon 1391 errichten und mit einer kurzen Unterbrechung verblieb es im Besitz der d'Este, bis Kardinal Ippolito II. es der Stadt verkaufte, um zu ermöglichen, daß die Universität in einem einzigen Gebäude untergebracht werden konnte (1586).

Die neue Bestimmung des Gebäudes machte eine Reihe von Umbauten erforderlich, die von Alessandro Balbi und Giovan Battista Aleotti ausgeführt wurden. Am wichtigsten ist vor allem der Ausbau der Fassade zur Via Scienze; vorher war der Haupteingang nämlich zur Via Gioco del Pallone gewesen, und im Mauerwerk sind noch die Spuren des zugemauerten Tores zu sehen. Die neue Fassade ist in streng klassizistischem Stil mit Betonung des Mittelteils, das durch das imposante zweigeschössige Portal aus Stein und einem Turm markiert wird.

Ein weiterer Zyklus von Restaurierungsarbeiten und Umbauten wurde gegen die zweite Hälfte des 18. Jh. ausgeführt. Aus dieser Zeit stammt die heutige Gestaltung der Vorhalle mit Gewölbedecke, die Schließung der darüberliegenden Loggia und der Bau der Prunktreppe durch Antonio Foschini (1779). Die Universität behielt dieses Gebäude bis 1963 als Hauptsitz und ließ in dieser Zeit weitere Verschönerungs- und Umbauarbeiten vornehmen.

Mit den zur Zeit noch in Ausführung befindlichen umfassenden Restaurierungsarbeiten wird das ganze Gebäude als Bibliothek eingerichtet werden. Diese, die «Biblioteca Ariostea», ist seit der Gründung der Universität im Hauptgeschoß untergebracht. Im Verlauf der 1983 begonnenen Arbeiten sind viele gemalte Dekorationen ans Tageslicht gekommen, die wahrscheinlich zum großen Teil aus den wichtigsten Bauphasen des Gebäudes stammen. In dem Saal rechts vom Eingang wurden vor kurzem wieder die Fresken mit Szenen des Hoflebens aus den ersten Jahren des 15. Jh. angebracht, und hierzu können wir den entsprechenden Saal auf der anderen Seite des Torweges mit dekorierter Holzdecke vom ausgehenden 16. Jh. (wie im vorigen Saal) und seinen Freskenstreifen, der aus der Werkstatt der Filippi stammen soll, bewundern.

Ebenfalls im Erdgeschoß der ehemalige Laubengang beim Eingang von 1391 mit Holzdecke und monochromen Fresken aus der gleichen Periode.

Im Erdgeschoß führt ein eigener Eingang zum Anatomiehörsaal von Francesco Mazzarelli (1731). Er hat die klassische Form mit hölzernen Stufenreihen, um den Studenten zu ermöglichen, den Vorlesungen über Anatomie zu folgen.

Im Obergeschoß weitere Dekorationen aus verschiedenen Epochen. Der erste Saal, der einstige Laubengang, der im ausgehenden 18. Jh. umgebaut wurde, hat Fresken, die wahrscheinlich aus dem 15. Jh. stammen, aber leider nicht mehr leicht zu deuten sind. Von hier aus gelangt man in den Saal des 19. Jh. mit Deckenausschmückungen von Migliari, und zu einem Saal mit Deckendekorationen vom ausgehenden 18. Jh.; an den Wänden Fragmente von Dekorationen aus dem 15.,16, und 17. Jh.

Von den anderen Räumen, die neulich restauriert wurden, ist der «Saal der Ariost» sehenswert. Hier befindet sich seit 1801 das Grabmal des Dichters, das von der Kirche S. Benedetto hierher gebracht wurde. Neben dem Grabmal von Aleotti sind Schränke mit Erinnerungsstücken an den Dichter.

Seit 1753 wird die Bibliothek des Dichters im Palast aufbewahrt und macht ihn zu einer der bedeutendsten Kulturstätten in Ferrara. Sie enthält über 200.000 Bände: Frühdrucke, bemalte Handschriften und andere Handschriften, vor allem der Renaissance-Dichter von Ferrara (Ariosto, Tasso, Guarini usf.).

Palazzo Paradiso liegt in einem der interessantesten Stadtteile vom geschichtlich-künstlerischen Standpunkt aus: an den Straßen wie Via del Paradiso, Via Romiti, und Via Carbone liegen Häuser und Kirchen, die zwar für sich allein nicht besonders wertvoll sind, aber sie bilden zusammen sehr schöne Ansichten. Via Gioco del Pallone entlang, an der Ecke von Via del Granchio liegen zum Beispiel die **Häuser der Ariosto-Familie**, und an der Via Cammello, der westlichen Abgrenzung des byzantinischen castrums, liegt die Kirche **S. Gregorio** mit der typischen Fassade des 15. Jh.; nördlich in Richtung Via Saraceno liegt das **Haus von Stella Tolomei** oder «dell'Assassino», das sogenannte «Mörderhaus» - diese Frau gebar Nicolò III d'Este drei Söhne: Ugo, Leonello und Borso.

1. Strasse Via delle Scienze: Gebäude Palazzo Paradiso; 2. Strasse Via Gioco del Pallone. Häuser der Ariosti.

Der Rundgang durch die «Lineare Stadt» wird mit einem Blick auf Via Mazzini abgeschlossen: ein Teil der ehemaligen Via dei Sabbioni und Nordgrenze der Mittelalterstadt. Diese Straße war die Hauptverkehrsader des **Gettos**, wo die Juden von Ferrara von 1624 bis 1847 wohnen mußten; an dieser Straße liegt die Synagoge, ein Gebäude, das 1485 der jüdischen Gemeinde geschenkt und später innen dekoriert und ausgeschmückt wurde. Von großem Interesse ist auch die Häusergruppe aus der ersten Hälfte des 15. Jh. mit den typischen hohen und schmalen Fassaden mit Kragsteingesims und Spitzbogenfenstern.

mei» aus der gleichen Periode und hat noch Fresken aus dem 15. Jh., welche die Umbauarbeiten in der Mitte des 19. Jh. überlebt haben. Aus dieser Zeit stammen Fassade, Haupttreppe und einige dekorierte Räume im Obergeschoß.

In der Nähe liegt **Palazzo Trotti**, der bis zur Mitte unseres Jahrhunderts Sitz des Priesterseminars war. Das Portal mit der Büste des Herzogs Ercole II. soll der Tradition nach von Girolamo da Carpi stammen. Das Innere wurde leider vor wenigen Jahren durch ungeschickte Umbauarbeiten verunstaltet; es existieren aber noch zwei Säle mit Deckenausschmückungen von Garofalo aus den 20-er Jahren des 16. Jh.

DIE SOGENANNTE ADDIZIONE ADELARDA

BORGO NUOVO

An der Via Cairoli ist nichts mehr von den ursprünglichen Gebäuden aus dem 13. Jh. dieser «Neustadt» stehen geblieben: hier liegt jetzt der originelle Palazzo **Muzzarelli-Crema** aus der Mitte des 15. Jh. mit «baldresche»-Stützgebälk unter dem Obergeschoß. Er zeigt eine ähnliche Bauweise wie «Casa Ro-

VIA DI SAN FRANCESCO

(Voltapaletto-Savonarola) Diese Straßen bildeten die Hauptachse des «Stadtteils der Höflinge», der nach dem Bau des Kastells entstand und mit seinen prunkvollen Palästen, Kirchen und Klöstern eine homogene Einheit bildet.

Gleich fällt einem **Palazzo Bevilacqua-Costabili** ins Auge mit seiner prächtigen Fassade mit Trophäen, Büsten und Schriftrollen aus Stein und Backstein; wir erkennen deutliche Anklänge an die Fassade des Palazzo Bentivoglio, der etwa 30 Jahre früher entstand, aber das Verhältnis zwischen Dekoration

und Architektur wirkt hier weniger ausgereift. Dem Beschauer entgeht aber nicht die Großartigkeit der Fassade, die dazu bestimmt war, im Zusammenhang mit den anliegenden Gebäuden bewundert zu werden und diese zu beherrschen, ohne sie jedoch zu zerdrücken.

SAN FRANCESCO

In San Francesco, das seit 1494 über frühere Gebäude der Franziskaner errichtet wurde, finden wir eines der typischsten Beispiele der Poesie des Rossetti, das auch nicht von den späteren Umbauten, die zum Teil durch das Erdbeben von 1570 erforderlich gemacht wurden, beeinträchtigt ist. Sowohl das Äußere als auch das Innere zeigen

1. Trotti-Palast; 2. Bevilacqua - Costabili - Palast; 3. Kirche des Hl. Franziskus; 4. Inneres: Abbildung des Heiligen. Fresko (16. Jhrh.).

deutlich, daß Rossetti sich an die Frührenaissance der Toskana inspirierte und sie mit der Verarbeitung von lokalen Elementen zu eigen machte.

Fassade und Südseite geben mit ihren hohen Lisenen die strukturelle Unterteilung des Innenraums wieder: schon jetzt machen wir auf die Lage der großen Fenster an der Seitenwand aufmerksam, die unten angebracht sind und je zwei Lisenen zusammenfassen: eine äußere Entsprechung zu den Wänden der Seitenkapellen und ein Detail, das, wie wir noch sehen werden, stark vom Innenraum beeinflußt ist.

Die Fassade dagegen hat mit ihren großen Voluten die zweigeschossige Komposition der Renaissance wie z.B. S. Maria Novella von Alberti, zum Vorbild.

Das Backsteingesims, das um diese beiden Seiten läuft, hat ein orginales Fries mit von Engeln gestützten Rundbildern mit der Büste von S. Francesco. Die Tatsache, daß es Domenico di Paris oder Gabriele Frisoni zugeschrieben wird, weist auf seinen hohen dekorativen Wert hin.

Die weiträumige und großzügige Raumeinteilung der Kirche ist eines der ersten Beispiele in Ferrara von der Anwendung der bautechnischen Theorien der Renaissance und vor allem von Brunelleschi; diese fußen auf einfache geometrische Elemente und deren Proportionen zueinander und so sehen wir zum Beispiel den Grundriß des Hauptschiffs, wo dem Viereck der überkuppelten Mittelfelder zwei Vierecke in den Seitenschiffen und zwei Vierecke in der Kapellen entsprechen. Diese strenge geometrische Anlage fehlt dagegen im Querschiff, wo die Hauptkuppel ovale Kuppeln zur Seite hat, und in der Apsis, die proportionell breiter als das Hauptschiff ist. Zevi hat darauf aufmerksam gemacht, wie die Fenster der Seitenkapellen durch ihre Anordnung die Querabschnitte der Mauern beleuchten. Sie geben dem Kirchenraum von unten Licht und verleihen ihm so eine besonders immanente «irdische» Qualität.

Von den Fresken sind besonders diejenigen bemerkenswert, die Girolamo da Carpi um 1530 im Hauptschiff und im Querschiff ausführte; sie stellen Heiligengestalten umgeben von Blätterwerk, Putten und einfarbigen verschiedene Heldentaten dar. Die Kuppeln wurden bei Wiederaufbau abgeflacht und im vorigen Jh. dekoriert. Die Kirche enthält zahlreiche Kunstwerke, vor allem aus dem 16. und 17. Jh., leider wurden aber mehrere Gemälde der bekanntesten Meister wie Dosso Dossi und Cosmè Tura aus ihr

entfernt; die Arbeiten von Garofalo wurden im 19. Jh. in die Gemäldegalerie überführt und hier durch Kopien ersetzt.

Im besonderen möchten wir auf das Grabmahl von Ghiron Francesco Villa im rechten Querschiff hinweisen: ein Barockdenkmal für den 1670 gestorbenen Söldnerführer. Die Inschrift auf dem Sockel und die Basreliefs erinnern an die Kriegstaten und die Tapferkeit des Villa, der Truppen von Frankreich, Venedig und Savoya führte.

Im Chor ein Triptychon mit «Himmelfahrt», «Kreuzabnahme» und «Auferstehung» von Domenico Mona (etwa 1500).

Im linken Querschiff ein Sarkophag aus der Schule von Ravenna aus dem 5. Jh., der 1920 auf dem Gelände des ehemaligen Klosters gefunden wurde; er war in der Renaissance wieder als Sarkophag für Francesco Ariosto, dem Onkel des Dichters, benutzt worden.

Kirche des Hl. Franziskus: Inneres. 1. Triptychon: Grablegung, Auferstehen und Himmelfahrt. Domenico Mona; 2. Geisselung; Stuck und Freskenmalerei (15. und 16. Jhrh.); 3. Die Ergreifung Jesus im Garten; 4. Kleiner Tempel (17. Jhrh.).

PALAZZO ESTENSE DETTO DI RENATA DI FRANCIA

Der Bau dieses Palasts, der heute Sitz der Universität ist, wurde auf herzoglichen Wunsch 1475 begonnen, wahrscheinlich von Pietro Benvenuto degli Ordini. Einige Jahre später arbeitete auch Biagio Rossetti daran; die von ihm ausgeführten Abschnitte sind jedoch nicht mehr zu bestimmen, auch weil sei-

ne Mitarbeit wohl sehr begrenzt war. Im Übrigen ist das ursprüngliche Renaissance-Aussehen des Palasts kaum noch erkennbar (mit Ausnahme des niedrigen Laubengangs im Hof) auf Grund der Umbauarbeiten, die Marchese Sigismondo Gavassini gegen Mitte des 18. Jh. durchführen ließ, nachdem er 1738 den Palast erworben hatte.

Diese Umbauarbeiten von Girolamo del Pozzo betrafen die Fassade, die Prunktreppe mit Stuckdekorationen und die Säle des Hauptgeschosses, dessen Decken von Vittorio Bigari ausgeschmückt wurden. Der große Park ist von einer hohen Mauer umgeben und hat trotz geänderter Anordnung und Gestaltung noch seinen ursprünglichen Charakter behalten. Die Geschichte des Palasts ist eng mit der Familie d'Este verbunden: Herzog Ercole I. machte ihn seinem Kammerherrn Giulio Tassoni zum Geschenk; später ging das Gebäude unter Ferrante wieder in den Besitz der herzoglichen Familie zurück und wurde dann von den Kardinälen Ippolito II. und Luigi bewohnt. Seinen Ruhm verdankt er jedoch vor allem der Herzogin von Ferrara Renata von Frankreich, der Gemahlin von Ercole II., die ihn nach ihrer Verbannung vom Hof auf Grund ihrer kalvinistischen Konfession bewohnte.

CASA ROMEI

Das Haus des reichen Bankiers Giovanni Romei, der Polissena d'Este geheiratet hatte, wurde

wahrscheinlich von dem herzoglichen Architekten Pietro Benvenuto degli Ordini um 1445 gebaut. Giovanni vermachte den Palast testamentarisch den Klarissen des danebenliegenden Klosters Corpus Domini, und diese benutzten ihn als Gästehaus für hochstehende Persönlichkeiten wie Lucrezia Borgia, damals Herzogin von Ferrara, und den berühmten Kardinal Ippolito II.

Nach 1870 ging das stark verfallene Gebäude an den Staat über, der es 1952 für die Städt. Sammlungen von Fresken und Marmordekorationen aus Ferrara in Gebrauch nahm.

Das Gebäude in seiner heutigen Verfassung kommt gewiß dem der Renaissance sehr nahe, da die ursprüngliche Anlage, die Dekorationen und die wichtigsten architektonischen Elemente ohne spätere Eingriffe erhalten geblieben sind. Dadurch ist dies nunmehr das einzige Beispiel in Ferrara von einer herrschaftlichen Wohnung des 15. Jh., während andere Paläste aus der gleichen Zeit wie zum Beispiel Palazzo Muzzarelli-Crema zum großen Teil im 18. und 19. Jh. umgestaltet oder zerstört wurden.

Hier haben wir also ein Gebäude, das eine große geschichtlichdokumentarische Bedeutung mit einer unvergleichlichen Atmosphäre vereint, vor allem mit dem stimmungsvollen Ehrenhof mit seinen asymmetrischen Laubengängen und dem Stützgebälk zeigt uns einen der schönsten und am besten erhaltenen Winkel von Ferrara.

Schauen wir uns zum Beispiel an, wie der Ehrenhof und die Planimetrie des Hauses sehr wenig den Gesetzen der Architektur des 15. Jh. entspricht, die sich um die Mitte des Jahrhunderts in den anderen Zentren der Renaissance schon entwickelt hatte: Bruno Zevi weist darauf hin, wie die mittelalterlichen Stilmittel in Ferrara beibehalten

1. Este-Palast St. Franziskus. Haus Casa Romei; 2. Ehrenhof; 3. Sibyllensaal.

wurden und spricht von der «grotesken Ausdruckskraft» des Ehrenhofs von Casa Romei. Den geschlossenen und kompakten Außenwänden widerspricht die Lebhaftigkeit des Hofes, der durch die festlichen Dekorationen der oberen Loggia unterstrichen wird; die Fresken stellen das Wappen von Giovanni Romei mit einem auf den Hinterbeinen stehenden Hund, umgeben von blühenden Ranken, dar. Einst war die figurative Einheit durch bemalte Fensterläden garantiert, die das Muster vervollständigten.

Der große Laubengang im Erdgeschoß gegenüber dem heutigen Eingang ist ebenfalls mit Fresken dekoriert und durch gemalte Lisenen unterteilt. Das große Terracottamonogramm an der darüberliegenden Wand mit den Initialien IHS in der Mitte stammt aus späterer Zeit, als das Gebäude zum Kloster Corpus Domini gehörte.

Der Rundgang durch die Räume erfolgt im Uhrzeigersinn beginnend an der Ostseite (die Säle der Sibyllen und Propheten); dann geht man durch den größten Laubengang und kommt zur Westseite mit dem «Saal des Cinquecento» und dem Lapidarium. Der Besuch wird dann im Obergeschosse fortgesetzt.

SAAL DER SIBYLLEN. Dieser Saal wird durch den großen Kamin mit Terracottagesims and dem Wappen von Giovanni Romei in Freskotechnik beherrscht, heute das einzige seiner Art in Ferrara. Er hat seinen Namen von den Fresken and den Wänden mit Sibyllen, die Spruchbänder mit den Prophezeiungen über das Erscheinen des Erlösers auf Erden halten. Sie werden den lombardischen Künstlern Andrea di Pietro und Giovanni Galeazzo zugeschrieben, die um die Mitte des 15. Jh. in Ferrara wirkten.

SAAL DER PROPHETEN. An den Wänden Fresken (Mitte 15. Jh.) mit Propheten, die Schriftrollen mit bibli-

Haus Casa Romei; *1. Lapidarium.*

schen und philosophischen Sprüchen halten.

SAAL DES CINQUECENTO. Der dekorierte Streifen wird Cesare Filippi zugeschrieben; bemerkenswert sind auch der große steinerne Kamin und an der gegenüberliegenden Wand das abgenommene Fresko mit «Madonna und Kind», einem für Ferrara seltenen Werk von Antonio Alberti, der hauptsächlich in Mittelitalien arbeitete.

LAPIDARIUM. In drei Sälen ist eine große Anzahl von Gedenksteinen, Gebäuderesten, Grabmälern und dekorativen Terracotta- und Steinbruchstücken verschiedener Herkunft vom 15. bis zum 19. Jh. ausgestellt. Sehenswert sind unter anderem: im ersten Saal zusammen mit Dekorationselementen (Türpfosten, Architraven usf.) aus der Kartause, das Grabmal von Tommasino Gruamonte Estense aus dem ausgehenden 15. Jh., das sich früher in der Kirche S. Andrea befand; im nächsten Saal die kostbare Kanzel aus dem Refektorium der Kartause (Anf. 16. Jh.), Heiligenbilder sowie die Reste (Kopf und Hand) der Statue von Napoleon Bonaparte, die seinerzeit auf Piazza Ariostea an Stelle der Statue von Ariosto stand.

Im dritten Saal Gedenktafeln verschiedener Herkunft, Wappen und eine Sammlung von architektonischen Terracottaelementen, fast eine kleine Mustersammlung von dekorativen Elementen (Hauptgesimsen, Bogenleisten usf.) der Renaissancegebäude in Ferrara.

Im Obergeschoß ist die strahlende Helligkeit der Säle zu bewundern, die Kardinal Ippolito II. um die Mitte des 16. Jh. von der Zierstreifen und der Decken erinnert an das Schlößchen mit Marfisa d'Este, wo die Dekorationen aber unendlich reicher und vielfältiger sind.

Kennzeichnend für diese Dekorationen ist eine maßvolle und verhaltene Eleganz, die den weltlichen Gegenstand der besonderen Bestimmung von Casa Romei in jener Zeit anpaßt.

Sehenswert auch die Decke des dritten Saals mit dem Bild von «Tobias und dem Engel» in der Mitte, das Bastianino zugeschrieben wird.

Im vierten Saal wieder von Bastianino «David und Goliath» in der Mitte und im darauffolgenden Prunksaal ein Zierstreifen mit dem Wahlspruch des Kardinals Ippolito (ab insomni non custodita dracone), dessen Bedeutung nicht klar ist, im Fries mit den Adlern.

Der letzte kleine Saal mit geschnitzter Kassettendecke wird seit jeher als das Arbeitszimmer von Giovanni Romei betrachtet.

Diese Säle haben eine Sammlung von Fresken vom 13. bis zum 16. Jh., die in heute nicht mehr bestehenden religiösen Gebäuden abgenommen wurden, Skulpturen und einige Möbel, darunter sind im zweiten Saal die Statue von «Nicola da Tolentino» und ein Hochrelief mit der «Kreuzabnahme» von Alfonso Lombardi bemerkenswert; im dritten Saal Fresken aus der Schule von Antonio Alberti (Anfang 15. Jh.); im vierten Saal Heiligenfiguren von einem unbekannten Meister (Anfang 16. Jh.) und ein interessantes Beispiel für die spätgotische Bildhauerei (Madonna mit Kind und daneben Petrus und Paulus); im großen Saal an der Rückwand eine große «Kreuzigung» aus der Malerschule von Rimini (etwa 1350); die anderen Fresken gehören zu einem großen Zyklus mit dem «Jüngsten Gericht» aus der Malerschule von Rimini und der Po-Ebene (Ende 14. Jh.). Im nächsten Saal rechts die «Himmelfahrt» von Serafino dei Serafini (1361).

Der zweite Innenhof von Casa Romei hat zwar auch einen doppelten Laubengang, ist aber weniger ausgearbeitet als der erste. Bei der Treppe unter der südlichen Laube das Wappen des Kardinals Ippolito; der Gebäudeteil darüber hat im Obergeschoß Räume mit hölzernen Zwischenwänden, die mit allegorischen Figuren aus der ersten Hälfte des 16. Jh. geschmückt sind und bei Restaurierungsarbeiten wieder ans Tageslicht gebracht wurden.

In der Loggia auf der gegenüberliegenden Seite zur Via Savonarola hin sind zahlreiche Reste der ursprünglichen Außendekoration des Gebäudes sichtbar.

BORGO DI SOTTO

Dieser Stadtteil ist kunstgeschichtlich sehr interessant wegen seiner Denkmäler, und auch wegen seines besonderen Milieus sehenswert, vor allem wenn man Via Madama und Via Borgo Vado entlanggeht.

In der Via Madama liegt gegenüber der hohen Mauer des Jesuitenklosters **Palazzo Polo**, das zu den schönsten Beispielen der Architektur in Ferrara im 16. Jh. gehört; an der Fassade das Portal und die Rustika-Ecken, die Unterteilung mit starkem waagerechtem Gesims, die Fenster des Obergeschosses mit Tympanon und anderen Elementen sind kennzeichnend für einen «Typ», von dem es verschiedene Beispiele sowohl in der mittelalterlichen Altstadt als auch in der Addizione Erculea gibt.

Die vor kurzem ausgeführten Restaurierungsarbeiten — heute ist hier das Landesschulamt — haben Deckenausschmückungen aus verschiedenen Epochen ans Tageslicht gebracht (16.-19. Jh.) und vor allem eine sehr schöne Wanddekoration im Prunksaal mit den neun Musen. Die hohe Qualität der Darstellungen und die «architektonische» Anordnung des ganzen Werkes, dessen Figuren von marmorierten Rahmen umgeben sind, lassen auf die Urheberschaft von Girolamo da Carpi und Camillo Filippi schließen.

SANTA MARIA IN VADO

Dieses ist eines der ältesten und am meisten verehrten Gotteshäuser von Ferrara und wird mit einem Wunder in Verbindung gesetzt, bei dem am Ostertage des Jahres 1171 die Hostie während der Messe Blut bis zur Decke der Kapelle spritzte; in dieser Zeit gab es eine ketzerische Glaubensrichtung, die Anwesenheit von Christus in der Eucharistie in Abrede stellte, und seitdem ist die Kirche dem Heiligen Blut geweiht.

Ercole I. d'Este ließ 1495 mit dem Bau der heutigen Kirche beginnen. Die Teilnahme von Ercole de' Roberti an der Planung neben Biagio

Rossetti, der in den Urkunden «Leiter der Bauarbeiten» genannt wird, hat die Urheberschaft der Idee sehr in Frage gestellt. Heute neigt die moderne Kunstkritik dazu Rossetti nicht nur als «Ausführer der Arbeiten» zu betrachten, zumal die Analyse seines Kompositionsverfahrens diesen Bau neben anderen von ihm geschaffenen Kirchen stellt, sowohl aus früheren Jahren (San Francesco) als auch spätere (San Benedetto). Um das Schaffen von Biagio Rossetti korrekt bewerten zu können, muß man bedenken, daß Proportionen und Lichtverhältnisse dieses Gebäudes nach dem Erdbeben 1570 erheblich geändert wurden, weil das Dach des Seitenschiffs stark erhöht wurde; außerdem kamen viele Dekorationen an den Wänden und Barokaltäre in den Seitenkapellen dazu. Das Hauptschiff, das eigentlich in kuppelbedeckte Vierecke, wie San Francesco, eingeteilt werden sollte, bekam hier von Anfang an eine flache Decke.

Stellen wir uns einen Augenblick vor, das Hauptschiff sei in drei Teile mit einer Kuppel über die Kreuzung mit dem Querschiff eingeteilt und hätte glatte Wände, dann bekommen wir Proportionen und Entsprechungen, die für Rossettis Raumwirkung typisch sind.

Abgesehen von den kritischen Erwägungen, die an den Liebhaber von Gebäuden gerichtet sind, wenden wir uns nun dem heutigen Zustand der Kirche zu, die vielleicht etwas düster und erstickend wirkt aber viele gute Dekorationen hat, an denen die bekanntesten Maler

1. Kirche Santa Maria in Vado; 2. Inneres.

von Ferrara im 17. und 18. Jh. arbeiteten.

An der Decke des Hauptschiffs die «Vorstellung Mariens im Tempel» von Giulio Cesare Cromer und fünf Gemälde von Carlo Bononi, der auch die Dekorationen zwischen den Bögen mit Halbfiguren von Heiligen sowie einen großen Teil der Gemälde im Chor ausführte: «Die Verherrlichung von Gottes Namen» in der Apsiswölbung, «Die Flucht aus Ägypten» und «Die Diskussion im Tempel» neben den Fenstern, «Die Hochzeit in Kana» und «Die Hochzeit Mariens» an den Chorwänden; dort sind ebenfalls «Geburt Christi», «Geburt Mariens» und an der Decke «Die Himmelfahrt Mariens» von Domenico Mona zu sehen.

Das große Altarbild in der Mitte stellt eine «Verkündigung» von Camillo Filippi dar (1561); unter anderen Werken, die die Altäre der Seitenschiffe schmücken (einige sind Kopien des 19. Jh. von Originalen, die sich heute in der Gemäldegalerie befinden) machen wir auf die «Taufe Christi» von Bastianino im linken Seitenschiff beim Taufbecken aufmerksam.

Im rechten Seitenschiff der Tempel des Heiligen Bluts, der 1590 von Alessandro Balbi um die Reste von dem vom Heiligen Blut bespritzten Gewölbe errichtet und im 15. Jh. hierhin gebracht wurde.

Von der Kirche aus kommt man in die Sakristei, die ebenfalls Gemälde von Bononi, Scarsellino u.a. enthält.

Beim Heraustreten aus der Kirche links kann man einen Eindruck vom Kloster mit dem ersten Kreuzgang im Stile Rossettis bekommen.

Kirche Santa Maria in Vado: Inneres; 1. Kleiner Tempel des Heiligen Blutes; 2. Kleines Heiligengewölbe des Hl. Blutes; 3. Deckenleinwand «Das Wunder des Blutes»: Carlo Bonomi.

1

PALAZZO SCHIFANOIA

Der vielsagende Name «Schifanoia» von schivar la noia — die Langeweile vertreiben — weist auf den Ursprung des Gebäudes hin, in dem heute das Städt. Museum für die Kunst des Altertums untergebracht ist. Alberto V. d'Este ließ nämlich 1385 den ältesten Teil als «delizia» (Lustschloß) bauen; ein von Gärten umgebenes Gebäude, das heute als einziges Lustschloß der d'Este innerhalb der Stadtmauern übriggeblieben ist, wahrend die anderen nunmehr seit langer Zeit zerstört sind.

Zu dem ältesten niedrigen Gebäudeteil von 1385 links neben dem berühmten Portal ließ Alberto 1391 nach seiner Übernahme der Herrschaft über die Stadt ein größeres ansehnliches Gebäude hinzubauen, so daß der Komplex sich in auffälliger Weise waagerecht entwickelte; ursprünglich waren nämlich beide Gebäudeteile von 1391 einstöckig, bis Herzog Borso sie aufstocken ließ. Diese Arbeiten erfolgten zwischen 1465 und 1469 durch den Hofarchitekten Pietro Benevento degli Ordini.

Nach den von Borso veranlaßten Umbauarbeiten hatte der Palast mehr oder weniger seine heutige Größe, während das Aussehen völlig anders war. Es lohnt sich einen Augenblick bei der Fassade zu verweilen und sie uns mit farbigen marmorierten Dekorationen in Fresko-Technik, von denen wir an der heute in das Museum eingegliederten Ostseite ein Beispiel haben, gekrönt mit bemalten Zinnen, vorzustellen, so bot der Bau einen lebhaften und festlichen Anblick und bildete eine ideale Kulisse für Theatervorstellungen, die nach den ältesten Urkunden auf dem Platz davor veranstaltet wurden.

Die Fassade wurde durch das Portal vervollständigt, das als einziges Element die Senkrechte betonte als Blickfang und gleichzeitig in kleinerem Maßstab als fein ausgearbeitetes dekoratives Element, dessen Entwurf bisweilen Francesco del Cossa zugeschrieben wird.

Bei den umfassenden Umbauarbeiten unter Borso wurden auch die Innenräume ausgestattet und bekamen neue reiche Dekorationen; davon sind heute noch der Saal der Monate und der Saal der Stuckdekorationen zu sehen. Bei neuen Umbauarbeiten durch Biagio Rossetti 1493 wurde das Gebäude um weitere sieben Meter nach Osten verlängert und die Fassade wurde durch ein Renaissance-Hauptgesims vervollständigt.

Der Zahn der Zeit und die Vernachlässigung haben diesen Palast besonders hart mitgenommen: von Herzog Alfonso I. ging es auf Herzog Francesco von Massalombarda und dann auf dessen Tochter Marfisa über. Ab 1582 wurde es vermietet und für verschiedenste Zwecke benutzt: im 18. Jh. sogar als Tabakfabrik; die dekorierten Säle mit dem Saal der Monate wurden unter mehreren Schichten von Putz verborgen und erst gegen die Mitte des vorigen Jahrhunderts «wiederentdeckt».

Heute (1986) ist eine kleine Tür, die 1885 unpassender Weise in der Fassade geöffnet wurde, Eingang zum Museum. Ab 1987 wird jedoch der Haupteingang wieder benutzbar sein, von dem man direkt den

Saal der Monate und vom Zwischenstock aus den Flügel von 1385, der zur Zeit restauriert wird, erreichen kann.

Der Eingang zum Saal der Monate durch die Vorhalle und über die Treppe aus dem 19. Jh. entspricht nicht der Grundidee des großen Gemäldezyklus. Ursprünglich betrat man nämlich den Saal von der Nordseite (Spuren der Tür sind noch in der Wand sichtbar) von einer großen Außentreppe, die im 18. Jh. zusammenbrach. Dieser Umstand ist nicht belanglos, weil dadurch die logische Reihenfolge der Bilder erheblich gestört wird. Jedes Feld ist ja eng mit den Nachbarfeldern verbunden. Daher sollte man nacht dem Betreten des Raumes sich gleich nach rechts zur Südwand wenden, wo die Bildfolge mit einer völlig verblaßten perspektivischen Ansicht und mit dem Monat Januar beginnt. An der gleichen Südwand erkennt man Szenen aus dem Leben am Hof in den Feldern beim einstigen Kamin; danach folgt der Monat Februar. Diese ganze Wand ist stark beschädigt, so daß die Darstellungen an einigen Stellen unverständlich sind.

An der Ostwand folgen die Monate März, April und Mai; daneben an der Nordwand eine Szene mit Reitern, dann die Monate Juni und Juli, ein Feld mit einer perspektivischen Landschaft mit Gebäuden, die Monate August und September und noch eine Landschaft mit Gebäuden. An der Westwand — wo wir eingetreten sind — Oktober, November und Dezember.

Wie wir gesehen haben, handelt es sich um eine komplizierte und gut gegliederte Anordnung, deren Symbolik und Idee von dem berühmten Humanisten Pellegrini Prisciani am Hof der d'Este inspiriert worden sein soll.

Die Einteilung der Felder und ihre bildnerische Gestaltung ist jedoch eine «Gemeinschaftsarbeit» der Werkstatt oder Malerschule von Ferrara im 15. Jh., welche mit dem Saal der Monate durch Künstler wie Francesco del Cossa (1435-1478) und Ercole dei Roberti (1450-1496) ihr Meisterwerk schuf.

Nunmehr ist die Südwand unwiderbringlich verloren, während die Ostwand, an der Francesco del Cossa arbeitete, lebhafte Szenen und Figuren inmitten einer üppigen Natur zu sehen sind.

Die Felder mit den Monatsdarstellungen sind längs durch drei Streifen unterteilt: von oben nach unten der Triumph der Götter auf Wagen in bestimmten Episoden und mit ihren Symbolen, darunter die Sternzeichen mit ihren Dekanen und ganz unten Szenen aus dem Leben des Herzogs Borso und der Wirksamkeit der Bauern.

Schifanoia-Palast; *1. Portal.*

MÄRZ: oben der Triumph von Minerva, Göttin der Weisheit, zwischen einer Gruppe von Weisen und Danae beim Weben und Sticken; im Mittelstreifen das Sternzeichen des Widders, unten der Herzog bei der Rechtsprechung; die Bauten, in denen sich die Szene zwischen Gestalten, Putten und Girlanden abspielt, haben ein klassisches Vorbild, wie es in der Renaissance üblich war. Daneben der Auszug des Herzogs zur Jagd mit Reitern, Falken, Hunden, getrennt davon ist das Beschneiden der Bäume dargestellt.

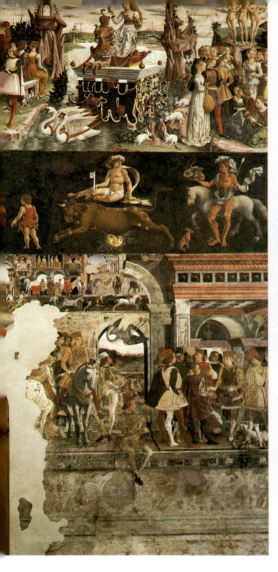

APRIL: Im oberen Streifen der Wagen mit Venus gezogen von Schwänen, im Bild ist symbolisch das Verhältnis zwischen der triumphierenden Göttin und dem Kriegsgott Mars dargestellt, der in Ketten vor ihr kniet. Rings umher Gruppen mit liebkosenden jungen Menschen und die drei Grazien in der blühenden Landschaft voll von Kaninchen, dem Symbol der Fruchtbarkeit.

Im Mittelfeld der Stier mit seinen Dekanen. Unten gibt der Herzog seinem Hofnarr Scoccola eine Münze, während die Höflinge zuschauen; daneben die Rückkehr von der Jagd und das Wettrennen von San Giorgio, dem der Herzog, die Richter und die Damen vom Fenster aus zuschauen.

März

MAI: Im Streifen mit dem Triumphzügen Apollo auf dem von Aurora gezogenen Wagen mit den neun Musen, Pegasus und der Quelle Castalia, Sperbern, einer Pythonhaut auf einem Hocker-Symbole der Gottheit und ihres Kultes. Auf dem mittleren Feld das Tierkreiszeichen der Zwillinge, unten ein Pferd und der Rest der Darstellung des Mähens, die zerstört wurde, als im 18. Jh. in dieser Wand eine Tür geöffnet wurde.

An der Nordwand im ersten Feld eine Gruppe von Reitern, die einem Maler aus der Umgebung von Cosmè Tura zugeschrieben wird.

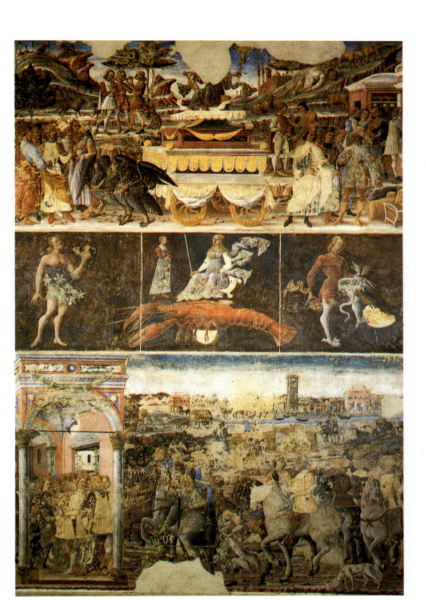

JUNI: Oben der Triumph von Merkur, dem Beschützer des Handels, auf einem von Adlern gezogenen Wagen; der Gott ist umgeben von Händlern beim Feilschen; links Wolf und Affe, Symbole des Handels; rechts wird Io von Juno in eine Kuh verwandelt und Argos wird von Merkur geköpft. Im Mittelstreifen der Krebs, unten empfängt Borso mit seinen Höflingen eine Bittschrift von einem knienden Bittsteller; im Hintergrund das Leben in einem Dorf am Fluß. Der Schöpfer dieses Abschnitts wird nunmehr traditionsgemäß als der «Meister der offenen Augen» bezeichnet.

JULI: Der obere Streifen ist dem Triumph Jupiters gewidmet, der mit der Erdgöttin Cybele auf einem von Löwen gezogenen Wagen sitzt; neben ihm eine Gruppe von Priestern, ein Hochzeitszug, der Querschnitt durch eine Kirche mit Mönchen; im Mittelstreifen der Löwe, der untere Streifen wird von einer großen perspektivischen Darstellung nach klassischem Vorbild beherrscht, darin der Herzog mit hochstehenden Persönlichkeiten, vielleicht Gesandte; rechts wieder der Herzog mit Reitern, links die Verarbeitung von Hanf.

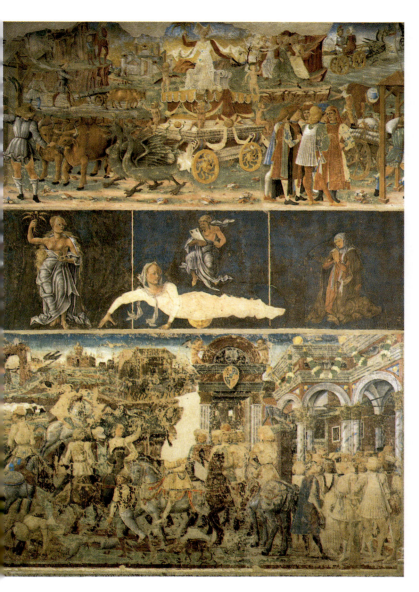

AUGUST: Der Triumph von Ceres auf einem von Drachen gezogenen Wagen, umgeben von Menschen bei der Feldarbeit (links) und Händlern (rechts); im Hintergrund eine Stadt und daneben der Raub der Proserpina und ihre verzweifelten Gespielinnen. In der Mitte die Jungfrau; unten Borso beim Empfang von Gesandten, daneben Ausritt zur Jagd; im Hintergrund Renaissancegebäude, links das Dreschen. Der Schöpfer dieses Abschnitts stand Ercole de' Roberti nahe und wird daher der «Meister von Ercole» genannt.

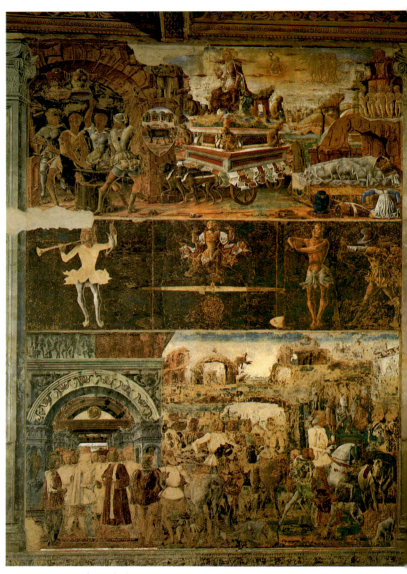

SEPTEMBER: Die auf einem von Affen gezogenen Wagen sitzende Gottheit ist Vulkan, von dem auch links die Schmiede zu sehen ist; weiter das Schild mit Romulus und Remus, die von der Wölfin genährt werden; diese Szene knüpft an die Szene rechts davon an mit der Liebe zwischen Mars und der Nymphe Ilia; in dem Mittelfeld die Waage; unten drei Episoden aus dem Leben des Herzogs; in einem reichen Gebäude empfängt er Gesandte, daneben ist er zu Pferd mit seinem Gefolge; inzwischen wird auf den Feldern geerntet. Dieser Abschnitt wird wie der nächste mit Gebäuden Ercole de' Roberti zugeschrieben.

Heute sind im Museum Bronzestatuetten, Keramik, Gemälde usf. ausgestellt, darunter befinden sich einige sehr wertvolle Werke. Oft finden in den Sälen auch Sonderausstellungen statt.

Hier sei noch der Saal mit den Stuckdekorationen erwähnt, der neben dem Saal der Monate liegt. Die reichen Ausschmückungen der Holzdecke und an der Wänden werden Domenico de Paris zugeschrieben (ausgehendes 15. Jh.).

Im letzten Saal des Obergeschosses, wo das Gebäude von Rossetti ausgebaut wurde, ist die farbig marmorierte Wand, die uns einen Eindruck von dem einstigen Aussehen der Aussenwände gibt. Beim Ausbau von 1493 wurde diese zu einer Innenwand und blieb dadurch erhalten; erst vor kurzem kam sie bei Restaurierungsarbeiten wieder ans Tagesicht.

An das Museum von Palazzo Schifanoia ist das **römische Lapidarium** angeschlossen, das vor kurzem in der entweihten Kirche S. Libera aus dem 15. Jh. eingerichtet wurde.

ORATORIO DELL'ANNUNZIATA

An der Via Borgo di Sotto liegt das **Oratorium Dell'Annunziata**, auch die «Totenkirche» gennant, weil einst hier die Erzbrüderschaft «der Toten» ihren Sitz hatte. Der einfache Bau von Giovan Battista Aleotti ist vor allem durch den Freskenzyklus der «Legende vom Heiligen Kreuz» bekannt, der im 17. Jh. einen gemalten Rahmen zur Verbindung der Szenen bekam. Hier erzählen die Maler Sebastiano, Camillo und Cesare Filippi, Nicolò Rosselli und Dielaì die Geschichte von dem Holz für das Heilige Kreuz, von dem Tode Adams an, dem der Baum des zukünftigen Kreuzes aus dem Munde wächst, bis zur Auffindung des wahren Kreuzes durch die Heilige Helene und dem Sieg von Constantin über Massenzio. Der Freskenzyklus ist von großer Bedeutung für die Geschichte der Malerei in Ferrara im 16. Jh.; leider kann man ihn aber heute auf Grund von ungeschickten Restaurierungen und dem schlechten Allgemeinzustand nicht voll und ganz genießen.

Neben dem Zyklus eine «Auferstehung» eines unbekannten Malers des 15. Jh., der sich an den Stil von Pisanello inspirierte.

Oratorium der Hl. Jungfrau; 1. Auferstehung. Fresko (15. Jhrh.).

ADDIZIONE DI BORSO

Dieser Stadtteil wurde 1451 ausgebaut und hier sollte man Via XX Settembre (einst Via della Ghiara) entlanggehen, welche mit einer schönen **Perspektive** aus dem Jahr 1776 am Ende abgeschlossen wird.

Eine ähnliche Lösung in größerem Maßstab gibt es in Corso Giovecca, der ebenfalls für das Stadtbild von grundlegender Bedeutung war, da er nicht in ein Stadttor einmündete, vollendete man ihn im 18. Jh. als perspektivische Gesamtanlage.

An dieser Straße liegt das Haus Nr. 152 von **Biagio Rossetti**. Leider sind einige Teile verloren gegangen, aber die Fassade ist ein Prototyp für ein Privathaus in Ferrara (nicht Palast) mit einer einfachen Linienführung, Zwillingsfenstern und Ziegeldekorationen, die Biagio Rossetti der traditionellen Bauweise entlehnte.

PALAZZO LUDOVICO IL MORO

Auf Grund der großartigen Anordnung und prunkvollen Fassade wurde der Palast lange Zeit Bramante zugeschrieben. Inzwischen wurde aber unumstößlich bewiesen, daß Biagio Rossetti ihn zwischen 1495 und 1503 etwa baute, jedoch unvollendet ließ. Die irrige

Oratorium der Hl. Jungfrau; *1. Innensaal; 2. Perspektive der Strasse XX September (18 Jhrh.); 3. Haus des Biagio Rossetti; 4. Palast des Ludovico il Moro: Eingang zum Museum; 5. Innenhof.*

Annahme, daß Bramante der Urheber sei, war durch einen anderen geschichtlichen Irrtum bedingt, und zwar, daß der Gesandte der d'Este in Mailand Antonio Costabili den Palast für Ludovico il Moro bauen ließ, damit dieser nach seiner Verjagung aus der Stadt durch die Franzosen und der Flucht in die Heimat seiner Frau Beatrice d'Este, Tochter von Ercole I., eine angemessene Wohnung finden solle.

Sicher ist, daß man Biagio Rossetti mehr als einen einfachen Baumeister betrachtete und viel zu bescheiden als Architekt, um ein Gebäude von solchen Ausmaßen zu entwerfen. Der Bau enthält aber gerade viele typische Elemente seiner architektonischen Poesie, die zwischen den Renaissance-Themen und der bodenständigen Bautradition immer schwang.

Im Verlauf der Jahrhunderte wechselte der Palast mehrmals den Besitzer und diese ließen Umbauten und Verschönerungsarbeiten verschiedener Art ausführen; von den umfassendsten dieser Arbeiten im 18. Jh. verbleiben heute nur einige vereinzelte Elemente; interessant sind die kleinen Räume in der Nähe der Schatzkammer, die man über dem zweiten Hof erreicht und die die letzten Restaurierungsarbeiten in ihrer urspsrün-

4

glichen Eleganz mit einfachen Stuckdekorationen, bemalter Decke und zweifarbigen Ziegelfußböden wieder erstehen ließen.

Im Jahre 1920 ging der Palast in den Staatsbesitz über und wurde nach umfassenden Umbauarbeiten von 1932-1935 als Nationalmuseum für Archäologie eingerichtet. Bei dieser Gelegenheit brach man lei-

der auf Grund einer falschen Interprätation die Loggia des ersten Stockwerks ab und schuf eine glatte undifferenzierte Wand: bis dahin war die ursprüngliche Anordnung mit zwei offenen und zwei geschlossenen Bögen — wenn auch in verunstalteter Form — erhalten geblieben: Biagio Rossetti liebte dieses Motiv der zweigeteilten offenen Bögen und verwendete es oft in allen seinen Bauten (von den Kirchen bis zu seinem eigenen Haus), und auch in anderen Teilen dieses Gebäudes, z.B. an der Aussenwand zur Via Porta d'Amore hin, wo wir auch jene nach Form und Anordnung an der Fassade verschiedenen Öffnungen sehen können, die typisch ist für Biagio Rossettis unbefangene Methode, um der Banalität zu entgehen.

Im unvollendeten Hof sieht man noch die steinernen Dekorationen, die Gabriele Frisoni zugeschrieben werden, sowie das prächtige Hauptgesims aus Ziegelsteinen, welches an dasjenige der Westseite anknüpft; bei der Loggia zwischen Hof und Garten öffnet sich die «Aula Costabiliana», die sogenannte «Schatzkammer», mit Deckenausschmückungen von Benvenuto Tisi da Garofalo und Gehilfen (1505-1508); die Anlage der Szene mit perspektivischen Brüstungen, der Prototyp dieser Art ist die Camera degli Sposi von Mantegna in Mantua (um 1460), ist mit Damen, Putten, bekannten Persönlichkei-

Nationales Archäologiemuseum von Spina. 1. Saal der Pyrogen; 2. Innerer Saal; 3. Innerer Saal; 4. Kleine Bronzefigur eines Kriegers, der sich eine Locke abschneidet (5. Jhrh. v. C.); 5. Pelike mit roten Figuren.

ten und Tieren bereichert eine lebhafte Darstellung des höfischen Lebens; leider haben ungeschickte Restaurierungsarbeiten und Übermalungen in den folgenden Jahrhunderten die Deutung und die Zuweisung der verschiedenen Teile an einzelne Meister erschwert.

Im Ostflügel des Palasts gibt es zwei weitere von Garofalo dekorierte Decken mit «Geschichten von Joseph» und «Sibyllen und Propheten»; leider nicht sehr gut erhalten.

Hinter dem Palast ist heute ein vorbildlich angelegter italienischer Garten, der auch ein Labyrinth enthält.

Wie bereits erwähnt, beherbergt das Gebäude seit 1935 das archäologische Museum von Spina mit Funden aus den Ausgrabungen von der Entdeckung der etruskischen Stadt bis heute.

Spina lag im Gebiet der heutigen Sümpfe von Comacchio und war zur Zeit seiner höchsten Blüte (6.- 3. Jh. v. Chr.) ein bedeutender Handelshafen und Umschlagplatz zwischen der etruskischen Welt und den Völkern des östlichen Mittelmeers. Gerade auf Grund ihrer Bedeutung als Handelsstadt hat Spina eine erstaunliche Menge von archäologischen Funden aus Ägypten, Griechenland und anderen Gebieten, mit denen die Stadt Verbindung hatte, geliefert, und vor allem Quantität und Qualität der hier ausgestellten attischen Vasen machen das Museum von Spina zu einem obligatorischen Ziel für Fachleute und andere, die sich mit dem klassischen Altertum beschäftigen.

Zur Stunde ist es leider unmöglich weitere Hinweise über die ausgestellten Gegenstände und ihre Anordnung im Museum zu geben, da im Moment umfassende Umbauarbeiten im Gang sind, die sowohl die Struktur des Palasts als auch die Einrichtung des Museums betreffen; zu diesem werden im Hauptgeschoß weitere Räume hinzugefügt werden. Daher scheint es uns angebracht, eine eingehendere Besprechung auf die für die nächste Zukunft vorgesehene Eröffnung dieser Säle zu verschieben.

4

5

S. ANTONIO IN POLESINE

In der Nähe des Palazzo Ludovico il Moro liegt die große Klosteranlage S. Antonio in Polesine; sein Eingangsportal am Ende der Via del Gambone ist mit einer Terracottastatue von dem Heiligen Abt Antonius geschmückt.

Die Anlage bestand bis zum Anfang dieses Jahrhunderts aus zwei Kreuzgängen, zahlreichen Nebengebäuden, Innenhöfen und Gärten umgeben von einer hohen Mauer, die das Klausurkloster der Benediktinernonnen umschloß.

Umfassende Plünderungen und vor allem die Umformung des ganzen westlichen Teils in Kasernen hat jedoch nicht den Zauber und die stimmungsvolle Klosterstille in den Innenräumen wesentlich beeinträchtigt — dort leben noch heute die Nonnen, und vor allem der große Gemüsegarten im Osten und der Kreuzgang sind noch unversehrt geblieben.

Dies ist vielleicht das einzige Kloster von Ferrara, wo außer der geschichtlich-künstlerischen Qualität auch die geistige Kontinuität verspürt werden kann, welche unsere heutige Gesellschaft mit der von gestern und der Ewigkeit verbindet.

Die Benediktinernonnen ließen sich 1257 hier auf einer einstigen Insel auf Anregung von der Tochter von Herzog Azzo Novello, Beatrice

---

Hl. Antonius in Polesine. *1. Aussenansicht; 2. Der Kreuzgang.*

II. d'Este, nieder, welche auch Erweiterungsarbeiten und die Neueinrichtung eines früheren Augustinerklosters anordnete.

Während der folgenden Jahrhunderte wurden laufend Restaurierungs- und Verschönerungsarbeiten ausgeführt, beginnend von denen des ausgehenden 13. Jahrhunderts durch den Baumeister Tigrino, als Kirche und Kloster die ersten Fresken bekamen.

Leider sind nur Teile der Anlage wie die äußere Kirche, der Nonnenchor und einige Säle zum Kreuzgang hin dem Publikum zugänglich, der Besucher wird aber durch das historische Interesse und die Schönheit der Teile, die er beim Betreten des Gärtchens mit dem Laubengang der äußeren Kirche (15. Jh.) bewundern kann, voll und ganz entschädigt.

In dem dem Publikum zugänglichen Teil der Kirche die üppige Barockdekoration von Francesco Ferrari (Ende 17. Jh.), zwischen Gebäuden und perspektivischen Ansichten, die Landschaften und Heilige Benediktiner umrahmen, sind in der Mitte Gottvater, Madonna und Kind, die Heiligen Antonius und Benedikt dargestellt; Stuckdekorationen um Fenster und Balustraden und der Barockaltar vervollständigen harmonisch den Kirchenraum.

Die innere Kirche oder der Nonnenchor besteht aus einem Raum mit drei Kapellen mit Freskendekorationen aus verschiedenen Epochen, die meisten aus dem 14. Jh. Es handelt sich um einige der bedeutendsten Malereien in Ferrara mit religiösem Thema, vor allem der Teil aus dem 14. Jh. In der rechten Kapelle Felder mit Episoden aus dem Leben Christi, die Meistern aus der Schule Giottos mit Einflüssen aus Bologna zugeschrieben werden, aus den ersten Jahrzehnten des 14. Jh.; die Treppe, welche die Szenen trennt, wurde im 15. Jahrhundert gebaut, um den Nonnen den direkten Zugang zu ihrer Kirche zu ermöglichen. Die linke Kapelle enthält Geschichten aus dem Leben Jesu und der Jungfrau, an denen in mehreren Abschnitten Künstler aus der Malerschule von Bologna und Rimini arbeiteten. In der mittleren Kapelle unter dem Rippengewölbe, die im 16. Jh. von Malern aus der Werkstatt der Filippi mit Grotesken ausgemalt wurde, an der Wand hinten eine Verkündigung (ausgehendes 15. Jh.), die Do-

menico Panetti zugeschrieben wird, an den Seitenwänden Felder mit Madonna und Heiligen (Anfang 15. Jh.).

Auf der Trennwand zwischen äußerer Kirche und Nonnenchor eine «Geißelung» aus dem 16. Jh., die Nicolò Roselli zugeschrieben wird; das hölzerne Chorgestühl ist aus dem 15. Jh.

Von dieser Kapelle erreicht man einen Raum mit dekorierten Deckenfeldern, in dem eine «Beweinung Christi» aus farbigem Terracotta von Ludovico Castellani (1450) aufgestellt ist.

Das Kloster enthält noch zahlreiche andere Kunstwerke: an den Wänden des Kreuzgangs Reste von Fresken aus dem 14. Jh., der anliegende Kapitelsaal hat eine raffinierte aber leider verunstaltete holzgetäfelte Decke mit Grotesken; im Refektorium, im «kleinen Dormitorium» und in anderen Räumen sind Zierstreifen und holzgetäfelte Decken aus dem 15. Jh. erhalten, als an dem ersten Kreuzgang des Klosters umfassende Umbauarbeiten vorgenommen wurden.

Tritt man hinaus auf den Korridor, so sieht man das Grab der Seligen Beatrice d'Este und draußen die schöne Bogenordnung des Kreuzganges (Baubeginn 14. Jh.); unter den Öffnungen des Obergeschosses einige hölzerne Säulchen, die aus dem ursprünglichen Kloster des 13. Jh. herrühren sollen.

Hl. Antonius in Polesine. 1. *Inneres der äusseren Kirche*; 2. *Die Decke der äusseren Kirche*; 3. *Innere Kirche: der Chor der Mönchinnen*.

Hl. Antonius in Polesine. *1. Die Kapellen der inneren Kirche oder Chor der Mönchinnen. Rechte Kapelle: die Geschichten von Jesus. 2. Jesus steigt auf das Kreuz (Einzelheit); 3. Jesus steigt ab zur Hölle; 4. Jesus spricht zu den Ärzten; 5. Kreuzigung.*

Hl. Antonius in Polesine. Linke Kapelle: die Geschichten von Christus und der Jungfrau; 1. *Das Blutbad der Unschuldigen; 2. Geburt; 3. Grablegung; Zentrale Kapelle; 4. Verkündigung; 5. Linke Seitenwand: Heilige Jungfrau und Heilige; 6. Rechte Seitenwand; 7. Rechte Seitenwand: Martyrium des Hl. Stefan, Einzelheit.*

4

5

6

7

CORSO GIOVECCA

Diese Straße dient sozusagen als «Wasserscheide» zwischen der mittelalterlichen Altstadt und der «Neustadt» des 16. Jahrhunderts.

Ihre Verlängerung auf der anderen Seite des Kastells heißt heute Viale Cavour und war bis zur Mitte des vorigen Jahrhunderts ein Kanal (Canale Panfilio), der die beiden Stadtteile im Westen trennte; während die Häuser an dieser Seite jedoch überwiegend modern sind, finden wir am Corso Giovecca noch zahlreiche alte und zum Teil wertwolle Bauwerke.

An der Ecke zum Kastell der strenge Bau des **Stadttheaters,** das im ausgehenden 18. Jh. von Antonio Foschini und Cosimo Morelli errichtet wurde; die Säle wurden im 19. Jh. von Malern wie Francesco Migliari, Domenichini und anderen aus Ferrara dekoriert.

Auf der anderen Straßenseite die Kirche **S. Carlo,** gebaut in den zwanziger Jahren des 17. Jh. nach einem Entwurf von Giovan Battista Aleotti; daneben ein Gebäude im Stil des 19. Jh., das einen Teil des **Krankenhauses Sant'Anna** ersetzt hat. Das städt. Krankenhaus ent-

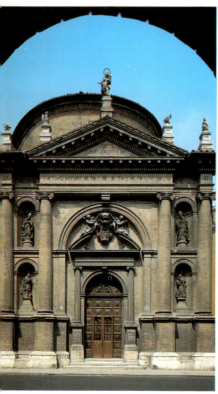

PALAZZO ROVERELLA

Die schöne Fassade von Palazzo Roverella fällt uns fast gegenüber dem kleinen TheatinerPlatz ins Auge. Die Wohnung von Gaetano Magnanini, dem Sekretär des Herzogs Alfonso I., wurde um 1508 gebaut und ging am Anfang des 18. Jh. in den Besitz der Roverelli über. Sie wurde in den zwanziger Jahren unseres Jahrhunderts von Grund auf restauriert.

Es ist zwar nicht belegt aber mehr als wahrscheinlich, daß Biagio Rossetti den Palast entwarf; der Plan der Fassade enthält zahlreiche Elemente, die wiederholt von diesem Architekten aus Ferrara benutzt wurden, wie zum Beispiel die Gruppierung der Zwillingsfenster um Lisenen (wie bei San Francesco), das Portal und der dekorative Reichtum, der an die lokale Tradition anknüpft.

Mehr als die einzelnen Motive müssen bestimmte Merkmale von Rossetti betont werden, wie seine sorgfältige Suche nach einer Eingliederung der Fassade in die Umgebung: dies ist das einzige Werk von Rossetti, das dazu bestimmt war, von vorn gesehen zu werden, und daher benutzte er in diesem

stand im 15. Jahrhundert und wurde im Kloster der Basilianermönche eingerichtet, von dem man heute noch bei der Piazzetta Sant'Anna einen der Innenhöfe bewundern kann.

Dieses Krankenhaus blieb bis 1912 in Betrieb und ist dadurch berühmt geworden, daß Torquato Tasso zwischen 1579 und 1786 wegen seiner angeblichen Geisteskrankheit hier eingesperrt war.

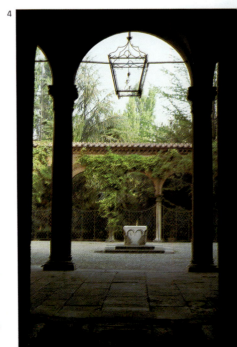

1. Stadttheater: Inneres; 2. Kirche des Hl. Karl; 3. Inneres; 4. Palast Roverella: Hof vom Hausgang aus.

Fall einen Rahmen in dem der Raum durch «Geschosse» streng eingeteilt wird. Es sind deutliche Bezüge zu Palazzo Rucellai von Leon Battista Alberti, dem Prototyp der weltlichen Renaissancearchitektur, erkennbar, der aber hier von einem selbständigen Künstler mit der Bautradition von Ferrara integriert wurde.

Gegenüber liegt die **Kirche S. Maria dei Teatini** von Luca Danesi (etwa 1620), ein gutes Beispiel der Barockarchitektur mit einfacher und eleganter Linienführung.

PALAZZINA MARFISA D'ESTE

An der gleichen Straße folgt nach der harmonischen Mauer um den Universitätsgarten aus dem 18. Jh. das Schlößchen von Marfisa d'Este. Es lohnt sich dieses Gebäude und die danebenliegende Orangerie anzusehen. Ursprünglich gehörten diese zu einem größeren Gebäudekomplex mit Gärten, der von Marfisa d'Este, Tochter von Francesco d'Este und Ehefrau von Alderano Cybo, Marquis von Massa und Carrara, bewohnt wurde.

Um 1559 wurde das Schlößchen von einem unbekannten Baumeister errichtet und die Räume wurden von Camillo Filippi und seinen Söhnen Sebastiano (Bastianino) und Cesare dekoriert. Nach dem Tode von Marfisa im Jahre 1608 verfiel das Gebäude durch verschiedene wechselvolle Ereignisse immer mehr, bis es 1910-1915 und 1937-1938 wieder restauriert und dem Publikum zugänglich gemacht wurde.

Die Instandsetzungsarbeiten betrafen sowohl die Struktur als auch die kostbaren Decken, die allerdings so stark beschädigt waren, daß sie zum Teil von den Restauratoren Giuseppe Mazzolani, Enrico Giberti und Augusto Pagliarini neu bemalt werden mußten.

Als Beispiel möchten wir den

Palast Roverella. 1. Fassade; 2. Fassadendetail; 3. Kirche der Hl. Maria der Teatini; 4. Kleiner Palast der Marfisa d'Este; Fassade; 5. Bildnis der Marfisa.

1

2

3

Bankettsaal nennen, wo die ausgedehnten Restaurierungsarbeiten zwar die dekorative Anordnung der Filippi berücksichtigt, aber doch den Geschmack und den Pinselstrich von Pagliarini verraten.

Im Schlößchen wurde um 1938 ein kleines Museum mit verschiedenen Einrichtungsgegenständen wie Möbel, Gemälde und Skulpturen vor allem aus dem Veneto von Nino Barbantini eingerichtet.

Zwar handelt es sich nicht um eine Rekonstruktion einer typischen Wohnung in Ferrara im 16. Jahrhundert, sondern um eine Sammlung von zum Teil sehr wertvollen Einzelstüken, die aber zusammen eine sehr harmonische Einheit bilden.

Vom Garten aus erreicht man die «Loggia degli Aranci» mit einem als Gartenlaube mit Rebstöcken und Tieren bemalten Gewölbe.

Die Straße endet mit einer **architektonischen Anlage,** die einen sehr schönen Hintergrund bildet. Sie wurde im 18. Jahrhundert von Francesco Mazzarelli angelegt, aber in unserem Jahrhundert zu den Seiten hin ausgebaut, um den Verkehr zu erleichtern.

Kleiner Palast der Marfisa d'Este; *1. Garten; 2. Innerer Saal; 3. Aussicht auf die Allee Corso Giovecca.*

DIE RENAISSANCE STADT

ADDIZIONE ERCULEA

Es wurde bereits davon gesprochen, daß das Stadtbild von Ferrara zwei nach ihrem morphologischen Ursprung deutlich von einander getrennte Teile aufweist.

Um 1490 beauftragte Herzog Ercole I. Biagio Rossetti mit der Erweiterung der Stadt, und die Arbeiten hierfür waren in ihren Grundzügen bereits um 1500 vollendet: die Stadtmauer, die Auslegung der wichtigsten Straßen, die ersten Paläste und Klöster, der Abbruch der mittelalterlichen Stadtmauer im Norden und die Anlage der Via Giovecca an den ehemaligen Gräben entlang.

Der Herzog hatte verschiedene Beweggründe für diese Initiative, die in der Geschichte Italiens in der Renaissance einzigartig ist: vor allem bestand die Notwendigkeit, ein bestimmtes Gebiet im Norden der Stadt, das bereits besiedelt war, zu verteidigen: hier lagen nämlich die Kartause, das Lustschloß Belfiore und andere Einrichtungen, die leicht vom Erzfeind Venedig einzunehmen waren — bereits 1482-84 hatte man das Hoheitsgebiet Rovigo an Venedig abtreten müssen. Zum anderen strebte Ercole I. durch seine die Judeneinwanderung fördernde Politik eine volksreiche und wirtschaftlich starke Stadt an, für die genügend Lebensraum geschaffen werden mußte. Schließlich bewegte ihn auch der Wunsch seinem Reich eine angemessene Hauptstadt mit Palästen und Kirchen zu geben, und so wollte er Ferrara durch einen herrschaftlichen Stadtteil Glanz und Prestige verleihen.

Der Architekt setzte die Vorstellungen des Herzogs in solcher Weise in die Tat um, daß ein Stadtteil entstand, der sich zwar gegen den mittelalterlichen abhebt, jedoch nicht so kraß, daß man von einem «armen» und einem «reichen» Stadtteil sprechen könnte. Hierbei ist entscheidend, daß Biagio Rossetti nicht eine losgelöste Stadt plante wie es etwa nach der damaligen Anschauung eine «ideale Stadt» mit einem streng zentrierten Grundriß oder schachbrettartig

mit achteckigem Grundriß gewesen wäre, und er versuchte auch nicht die Theorien der «trattatisti» — zeitgenössische Verfasser von gelehrten Abhandlungen — mit einem strahlenförmigen Grundplan ausgehend vom Kastell, dem «Herzen» der Stadtmitte anzuwenden. Anderseits besteht kein Zweifel daran, daß Biagio Rossetti die zeitgenössischen Theorien kannte, und da er ein pragmatischer Baumeister war, ist anzunehmen, daß er bewußt eine Verwirklichung «nach dem Lehrbuch» vermied, obwohl er Mittel und Möglichkeiten dazu gehabt hätte; er zog es aber vor, das Stadtgefüge als ganzes zu betrachten un das Neue fugenlos mit dem Alten zu verbinden, dessen herkömmliche Architektur er immer respektiert hatte.

So bekam Ferrara jetzt eine Stadtmauer mit unregelmäßigem Grundriß — sie umschloß die zu bebauende Gebiete, die zu diesem Zweck 1490 vom Herzog verstaatlicht worden waren — und zwei Hauptachsen, die fast rechtwinklig zu einander liegen: Via degli Angeli (heute Corso Ercole I. d'Este), welche das Kastell mit dem Stadttor nach Norden verband, und Via dei Priori (heute Corso Porta Po, Corso Biagio Rossetti, Corso Porta Mare) von dem Stadttor S. Benedetto im Westen zum Stadttor S. Giovanni im Osten.

Via Dei Priori hat zwei Blickfänger: die Kirche S. Benedetto im Westen und Piazza Nuova (heute Piazza Ariostea) im Osten; dieser war als Bezugspunkt vorgesehen, um die Bebauung an der Nord-Südachse (Via degli Angeli) zu fördern. Diese Straße begann beim Kastell und war von Anfang an dazu bestimmt, die meisten Neubauten zu bekommen; so ist es kein Zufall, daß an dieser Straße die Paläste der bedeutendsten Persönlichkeiten des herzoglichen Hofes entstanden.

Die anderen Straßen der Addizione verlaufen nach Rossettis Plan von der Giovecca nach Norden: sie richten sich genau nach den bereits bestehenden Straßen des mittelalterlichen Stadtteils aus und verschmelzen so auf natürliche Weise die beiden Stadtteile. Auch wenn nicht alle Straßen von Rossetti angelegt wurden, so ist doch offensichtlich, daß sein Konzept die Voraussetzung für eine organische Entwicklung der Stadt schuf und jeder spätere Eingriff im Einklang mit dem Plan der «Addizione Erculea» geschah.

Dieser hat außerdem den Vorzug so großzügig angelegt worden zu sein, daß die Stadt sich bis zu den fünfziger Jahren dieses Jahrhunderts innerhalb dieser Stadtmauern ausdehnen konnte.

Bis dahin gab es große Grünflächen, die einst Blumen und Gemüsegärten waren; davon ist heute noch die Gegend im Nord-Osten bei der Kartause ein glänzendes Beispiel.

Schließlich ein nützlicher Hinweis für den Besucher, der von diesen wesentlichen Eigenschaften fasziniert ist und sich eingehender mit ihnen befassen will: geht man eine beliebige Straße in der Addizione entlang, so kommt man nie zu einer Stelle, die als Bezugspunkt von weitem sichtbar wäre und zu einem Halt einlädt: jedesmal kommt man zur nächsten Straße oder auf einen Platz mit mehreren «Ausgängen», so daß der Besucher stets in irgendeine Richtung weitergehen muß; diese Erfahrung kann man zum Beispiel machen, wenn man Via Frescobaldi, Via Mascheraio oder Via Palestro entlanggeht, bis man Piazza Ariostea mit vielen einladenden Möglichkeiten erreicht.

Die Struktur dieser Stadt hat somit wenig von einer Renaissancestadt an sich — man denke nur an den Plan von Rom von Sixtus V. mit langen geraden Straßen, die am Anfang und am Ende durch Obelisken oder Denkmäler gekennzeichnet

1. Luftansicht. Die Achse Giovecca-Cavour teilt den Renaissanceteil der Stadt (rechts) vom mittelalterlichen (links).

sind —, so daß die Addizione der Altstadt noch näher gebracht wird, und wir werden an die Ausbildung von Biagio Rossetti erinnert: ein Künstler der Renaissance, der ein sorgfältiger Beobachter der Vergangenheit war.

CORSO ERCOLE I. D'ESTE

Der Besucher, der sich ganz der Atmosphäre von Ferrara im 16. Jh. hingeben will, sollte Corso Ercole I. d'Este, die Hauptachse der Addizione Erculea, ihrer ganzen Länge nach von Anfang bis Ende, vom Kastell bis Porta degli Angeli, entlanggehen.

An diesem Corso liegen bedeutende Paläste, Grünanlagen und Gärten. Der letzte Abschnitt — zum Teil durch Neubauten beeinträchtigt — sollte zu Fuß entdeckt werden, um zu spüren, wie die Stadt nach und nach in freies Land übergeht — das Land dringt sozusagen innerhalb der Stadtmauern ein; dies ist ein «abstrakter» und fast unwirklicher Eindruck, er sollte aber erlebt werden.

An der Straße entlang sind folgende Sehenswürdigkeiten:
— **Palazzo del Monte di Pietà**, gebaut nach einem Entwurf von Agapito Poggi und Domenico Santini (um 1760) mit einem großen

Hof, der später überdacht wurde;
— die anmutige Mauer und die Biagio Rossetti zugeschriebene Pforte des **Palazzo Giglioli-Varano**;
— **Palazzo Giulio d'Este**, von dem Bruder des Herzogs Alfonso I., der später in den Besitz der Fürsten

Pio überging. Auch dieser Palast wird Biagio Rossetti zugeschrieben, weil das Konzept der Fassade typisch für die Renaissance ist mit Einbeziehung der Gärten in die Raumwirkung und wegen der Aufmerksamkeit für die traditionellen Backsteindekorationen von Ferrara.

— **Palazzo Camerini** — zweifellos einer der interessantesten Bauwerke in Ferrara aus dem 19. Jh.; auch die Dekoration der Innenräume, die um 1830 von Antonio Tosi nach einem Entwurf von Pividor ausgeführt wurden, ist sehenswert;

— die **Kreuzung «degli Angeli»**, wo die alte Via dei Priori und Via degli Angeli zusammentreffen: an der Kreuzung stehen vier repräsentative Gebäude von unterschiedlicher Größe und Bedeutung, ein typisches «Hilfsmittel» von Rossetti, um zu vermeiden, daß an dieser Stelle der Eindruck eines Ruhepunktes entsteht; der Besucher soll dagegen angespornt werden, eine beliebige Richtung einzuschlagen, je nach dem «Gewicht» der anliegenden Paläste;

— **Palazzo Turchi di Bagno** (1493), ebenfalls ein Werk von Biagio Rossetti, dessen einfache Fassade nur an der Ecke von einem strengen Pfeiler geschmückt wird.

PALAZZO DEI DIAMANTI UND NATIONALGALERIE

Der Palast an der süd-westlichen Ecke der Kreuzung ist zweifellos der außergewöhnlichste und eindrucksvollste Bau der Addizione Erculea; seine Marmorverkleidung ist so eigenartig und ungewöhnlich, daß er unter den Bauwerken in Ferrara ganz allein auf einsamer Höhe steht.

Der Tradition nach wurde dieser wuchtige Palast von Biagio Rossetti entworfen. Seine Errichtung wur-

Allee Corso Ercole I. d'Este. *1. Portal des Palastes Giglioli-Varano; 2. Palast des Giulio d'Este; 3. Palast Camerini (19. Jhrh.); 4. Palast Turchi di Bagni (15. Jhrh.). Auf Seite 88-89: der Palast der Diamanten.*

de 1493 auf Betreiben von Sigismondo d'Este, dem Bruder des Herzogs Ercole I. begonnen und 1504 unterbrochen, als Biagio und sein Helfer Gabriele Frisoni ihre Mitarbeit zurückzogen; erst später wurde der Bau wieder aufgenommen und 1567 vollendet. Der Palast verblieb auch nach dem Auszug der d'Este aus Ferrara (1598) ihr Eigentum und ging dann 1641 in den Besitz der Marchesi Villa über, die einige Umbauten vornehmen ließen, und unter anderem den Bau des dekorierten Portals veranlaßten.

Das Äußere ist wegen der originellen Ausdruckskraft und der ausgeprägten städtebauerischen und perspektivischen Bedeutung ein-

malig. Die mehr als 8500 «Diamanten» der Verkleidung sind nur scheinbar untereinander gleich; sie sind aber so angeordnet, daß ihre Spitze nur im mittleren Feld des Gebäudes senkrecht zur Wandfläche ist, während ihre Achse im oberen Teil nach oben und am abgeschrägten Sockel nach unten zeigt; der starke Vorsprung des Bossenwerks, das von Reihe zu Reihe versetzt ist, gibt der Marmormasse eine starke plastische Wirkung, die jedoch durch einen kleinen Balkon an der Ecke und durch Halbpfeilern mit Dekorationen von Gabriele Frisoni gemildert wird.

Die repräsentative Absicht mit einer so ungewöhnlichen Verkleidung wird in diesem Fall durch die

dynamische Funktion seiner Dekoration, die sich der Umgebung anpaßt und dazu in enger Wechselbeziehung steht, erfüllt: eine Beziehung, die für Rossettis Bauten typisch ist und in vielen anderen Werken des Meisters zum Ausdruck kommt.

Im Erdgeschoß ist die Städt. Galerie für Moderne Kunst untergebracht, in der von Zeit zu Zeit größere Ausstellungen zeitgenössischer Kunst stattfinden. Im Hauptgeschoß hat die Nationalgalerie ihren Sitz.

Die Nationalgalerie war zunächst städtisch. Sie wurde 1836 zu dem Zweck gegründet, Gemälde aus den Kirchen Ferraras zu retten, deren sachgemäße Konservierung nicht mehr gewährleistet war. Später wurde die Galerie um abgenommene Fresken, Schenkungen und Leihgaben bereichert und kam 1956 unter staatliche Verwaltung.

In den Sälen kann man die Geschichte der bildnerischen Kunst in Ferrara wischen 13. und 18. Jh. fast lückenlos verfolgen. Allerdings fehlen viele Werke aus der großen Malerschule von Ferrara im 15. Jh., die in der ganzen Welt verstreut sind: um hiervon einen Eindruck zu bekommen, muß man sich — abgesehen von den Rundbildern mit der Geschichte von S. Maurelio den Monatszyklus im Palazzo Schifanoia ansehen.

Die Werke sind in den Sälen mit herrlich dekorierten Decken ausgestellt. Besonders bemerkenswert — abgesehen von dem großartigen Empfangssaal mit «Kassettendecke» — die beiden Decken im Südflügel mit gemalten Mittelfeldern aus dem Kloster S. Antonio in Polesine mit einer «Madonna mit Kind» und «Gottvater» (15. Jh.); in den drei folgenden Sälen nach dem Hauptsaal im Hauptflügel sind die Decken umrahmt von lebhaften und raffinierten Motiven mit Grotesken (Ende 16. Jh.); die heute leeren Felder enthielten Gemälde von Scarsellino, Carracci und Cavazzoni, die von den d'Este nach Modena gebracht wurden, bevor sie ihren Palast den Villa überließen (etwa 1630).

In der heutigen Anordnung der Galerie führt die Eingangshalle mit den Portraits der Marquis Villa in den Hauptsaal mit Fresken mit dem «Triumph des H. Augustin», die Serafino dei Serafini aus Modena zugeschrieben werden (zweite Hälfte des 14 Jh.), weiter die Fresken mit Geschichten aus dem Neuen Testament und Evangelisten aus der

Palast der Diamanten; Pinakothek; *1. Portal; 2. Bogengang zum Hof; 3. Saal des Nordflügels mit Decke aus dem späten 16. Jhrh.; 4. Hl. Jungfrau mit Kind (15. Jhrh.), Decke von S. Antonius in Polesine.*

Kirche der Abtei S. Bartolo von einem unbekannten Meister des 13. Jh., der sich in einem benediktinisch-populären byzantinischen Stil mit einer Bildersprache, die bei den zeitgenössischen Malern nicht ihresgleichen findet, ausdrückt; ebenfalls im Hauptsaal «die Allegorie des Alten und Neuen Testaments» von Garofalo.

Von diesem Saal kommt man zu drei Sälen mit einer Gemäldesammlung, die eine Leihgabe der Cassa di Risparmio di Ferrara ist; etwa 80 Gemälde auf Leinwand und Holz sowie Fresken, die besonders für die Lokalgeschichte interessant sind. Hier sind Werke von Garofalo, Giroamo da Carpi, Bastianino, Scarselino, Carlo Bononi und anderen Meistern, die entscheidend für die Maerschule von Ferrara waren.

In den Räumen am Corso Biagio Rossetti sind in endgültiger Anordnung Werke der Malerschule von Ferrara aus dem 16. Jh. ausgestellt: neben Gemälden von Vittore Carpaccio («Dormitio virginis», 1508) Ortolano, Mazzolino und Bononi usf. finden wir Bilder von Garofalo, sämtliche Gemälde im zweiten Raum) und Battista und Dosso Dossi.

Unter den Werken von Garofalo sind vor allem «Der Kindermord in Betlehem» (1519) und «Die Auffin-

4

dung des wahren Kreuzes» (1534) sehenswert mit deutlichen Einflüssen von Raffael und den Manieristen und leuchtenden venezianischen Farben, sowie «Der Besuch der drei Weisen» und «Geburt Christi» (1513).

Im letzten Raum der große «Costabili-Flügelaltar», der 1530 von

Garofalo begonnen und in Zusammenarbeit mit Dosso Dossi beendet wurde; in der Mitte die Madonna mit Kind und sieben Heiligen, umgeben von Feldern mit den Heiligen Ambrosius, Augustin, Sebastian und Georg, oben der Auferstandene Erlöser.

Von der Galerie gelangt man in den Südflügel des Palasts, in dem die Sammlung Vendeghini-Baldi mit Gemälden aus der Renaissance ausgestellt ist; unter anderem finden wir Werke von Ercole de Roberti, Gentile da Fabriano, Garofalo und zahlreichen anderen Meistern; dahinter Räume mit Gemälden aus dem 14.-15. Jh. von Cristoforo da Bologna, Simone dei Crocefissi, Vicino da Ferrara, usf.; sehenswert die beiden Rundbilder mit dem «Urteil des H. Maurelius» und «Maurelius als Märtyrer» von dem Altar dieses Heiligen in S. Giorgio. Die beiden Gemälde von Cosmè Tura zeigen welche Raumbeherrschung und malereitechnische Höhe die Malerschule von Ferrara mit diesem großen Meister erreicht hatte: in der ersten Episode bewegen sich die Gestalten in einer streng perspektivischen Kulisse, die von Pagen und Äffchen belebt wird: ein Anklang an das Leben am

Hof der d'Este; in der Dramatik der zweiten Bildes erkennen wir eine für Tura typische kahle und abweisende Landschaft.

Palast der Diamanten. Pinakothek;
Benvenuto Tisi da Garofalo: Madonna auf dem Thron und Heilige (16. Jhrh.);
Hl. Georg und der Drache, Detail aus dem Polyptychon Costabili (16. Jhrh.);
Cosmè Tura: Urteil des Hl. Maurelius;
Cosmè Tura: Enthauptung des Hl. Maurelius, Einzelheit (15. Jhrh.).

PALAZZO PROSPERI-SACRATI

Palazzo Prosperi-Sacrati gegenüber dem Palazzo dei Diamanti ist seit dem 16. Jh. vor allem durch sein Portal bekannt; er ist nicht nur wegen seiner Bedeutung für das Stadtbild bemerkenswert zur Unterstreichung der Dynamik am Quadrivio degli Angeli, sondern wegen der Komposition und der Dekorationen, die deutliche Anklänge an die Baukunst in Venedig haben.

Vor kurzem wurde das Portal restauriert und leuchtet nun wieder farbenprächtig weiß-grau-rosa mit seinen freigelegten Friesen mit Ranken, Greifen und Schnitzereien.

Trotz Verunstaltungen und Beschädigungen durch den Krieg (zum Teil sind die kleinen mythologischen Figuren und Affen, die Balustrade schmücken, verloren gegangen) ist das Portal eines der bedeutendsten Werke der Bildhauerkunst in Ferrara im 16. Jh.

Die Kunstgeschichtler des 19. Jh. schrieben es verschiedenen großen Künstlern wie sogar Baldassar-

re Peruzzi aus der Toscana zu; der typisch venezianische Charakter des Werkes läßt jedoch eher — wenn auch mit einigem Vorbehalt — auf Antonio und Aurelio Solari-Lombardo schließen.

Über die kunstgeschichtliche Bedeutung des Portals spielt auch die Lage selbst eine Rolle, die gewiß der städtebauerischen Kreativität von Biagio Rossetti gerecht wird. An dieser Kreuzung arbeitete Biagio nicht mit symmetrischen Kriterien sondern die Aufmerksamkeit wurde auf Elemente mit großer Ausdruckskraft gelenkt (Palazzo dei Diamanti mit dem Balkon, das Portal von Palazzo Prosperi-Sacrati) die sich von Gebäuden mit einfachen und fast anonymen Fassaden abheben: die gewollte Dynamik dieser Komposition, die auf Kontraste und Überraschungen hinzielt, ist offensichtlich, auch wenn sie durch den kleinen Balkon an der Ecke des Palazzo Prosperi-Sacrati gestört wird, der eine willkürliche Hinzufügung des 19. Jh. ist.

An dem Corso Ercole I. d'Este sind weiter folgende Gebäude sehenswert:

— **Palazzo Trotti Mosti**, von großem Interesse wegen der architektonischen Einzelheiten im üblichen Stil von Ferrara im 16. Jh. und wegen der Dekorationen aus verschiedenen Epochen, die neulich restauriert wurden: vor allem die Aula Magna mit Kassettendecke und Fresko-Bildstreifen, dekorierten Decken aus dem 16. Jh. und Jugendstildekorationen;

— **Palazzo Guarini-Giordani** der dem Mitarbeiter von Biagio Rossetti Alessandro Biondo zuge

1. Palast Prosperi-Sacrati; 2. Polychrome Portal.

schrieben wird und 1903 im alten Stil erweitert wurde. Mit dem Palast Trotti Mosti ist er Sitz der juristischen Fakultät der Universität.

Von diesem Punkt an ist die Straße weniger bebaut und hat mehr Grünflächen; von Piazzale Borso genießt man einen Blick auf die Kartause und geht dann an dem Abschnitt der Straße weiter, der zu Recht «via dei piopponi» — Pappelweg — genannt wird, bis man Porta degli Angeli an der Stadtmauer erreicht.

SAN CRISTOFORO ALLA CERTOSA

Die Kartäusermönche schlugen sich 1461 in dieser Gegend, die damals außerhalb der Stadtmauern lag, nieder. Sie wurden von Herzog Borso gerufen und dieser ließ auch von Pietrobono Brasavola das Kloster mit dem heute noch existierenden Kreuzgang bauen. Bald danach begann man unter Herzog Ercole I. mit der Errichtung der heutigen Kirche, die 1551 vollendet wurde, jedoch ohne Verkleidung der Fassade; das Portal kam Ende 18. Jh. hinzu. Die Kirche wird im Allgemeinen Biagio Rossetti zugeschrieben, was zwar nicht urkundlich belegt ist, aber auf geschichtlich-stilistischer Grundlage mehr als gerechtfertigt scheint, obwohl das allgemeine Aussehen sich so sehr von seinen früheren Werken unterscheidet (S. Francesco, S. Maria in Vado, San Benedetto); Rossetti geht hier nämlich von einem ungewöhnlichen Grundriß aus: dieser ist nämlich einschiffig mit Seitenkapellen; wahrscheinlich inspiriert durch das Werk von Leon Battista Alberti in Mantua; die Einteilung des Grundplans in küppelgekrönte Vierecke, die im Querschiff und im Chor wiederholt werden und die Proportionen zu den Kapellen zeigen, daß er die gleiche Methode für den Entwurf benutzte, nur hier auf einem anderen Grundrißtyp.

Die bereits von Rossetti benutzte Technik der Verteilung des natürlichen Lichts sieht hohe Fenster im Hauptschiff und doppelte Fenster in den Kapellen vor, die eine gleichmäßige und «menschliche» Zerstreuung des Lichts vorsehen; der tiefe Chor dagegen ist in ein Licht eingetaucht, das sich stark vom Dunkel des Triumphbogens und der lichtlosen Kuppel abhebt.

Das untere architektonische Geschoß, das die Kapellen umrahmt und das obere Geschoß, das das Hauptschiff skandiert, haben auch die Funktion einer einfachen und raffinierten Dekoration. Interessant ist auch die Behandlung der Außenwand, wo das große Bauglied durch Pfeiler und dekorierte Bögen markiert wird; das gleiche

dekorative Motiv wiederholt sich am Glockenturm, der vor einigen Jahrzehnten wieder aufgebaut wurde.

Seit einigen Jahren ist die Kirche wegen Restaurierungsarbeiten geschlossen, und wird wohl nicht so bald dem Publikum zugänglich sein; die zugehörigen Kunstwerke sind in verschiedenen Museen der Stadt aufbewahrt; hier sei nur darauf hingewiesen, daß Bastianino, Bastarolo, Niccolò Roselli und andere Künstler der ausgehenden 16. Jh. Werke für diese Kirche ausführten.

Die große Kirche ist heute in einer suggestiven Umgebung, deren Zustand sich trotz der Anlage des großen Friedhofs nach einem Entwurf von Ferdinando Canonici im Jahre 1813 nicht sehr von dem Zustand im Zeitalter der d'Este unterscheiden dürfte.

Das gewaltige Bauwerk dominiert die Grünflächen bis zur Stadtmauer, und seine ganze Poesie kann vor allem von einer wenig besuchten Stelle aus genossen werden, die der aufmerksame Besucher nicht unbeachtet lassen sollte: man gehe zur Via delle Vigne (das letzte Stück von Via Montebello) und biege beim Eingang zum jüdischen Friedhof nach links auf die ausgehobene Straße; von hier aus, zwischen Gemüsegärten und zerfallenem Gemäuer, hat man eine überraschende Aussicht über die Kartause, Bauernhöfe, den jüdischen Friedhof — den letzten Teil von Ferrara wie es zur Zeit des Herzogs Ercole aussah: hier ist die Integrierung von bebauter Fläche und Natur Wirklichkeit geworden.

Hl. Christophorus auf der Certosa. *1. Seitenportal und Kirche; 2. Kleiner Eingangstempel zum Seitenportal; 3. Der Friedhof.*

PALAZZO UND PARCO MASSARI

Die Massari-Anlage umfaßt den Palazzo mit seinen Wirtschaftsgebäuden und einen großen Park, der gegen Mitte 19. Jh. nach romantischem Geschmack angelegt wurde und noch heute viele seltene Pflanzen enthält.

Der Palast wurde Ende 16. Jh. von der Familie Bevilacqua gebaut und von dieser in den folgenden Jahrhunderten mehrmals umgestaltet und erweitert; im 19 Jh. kamen unter den neuen Besitzern, den Herzögen Massari, weitere Ausschmückungen hinzu. Aus diesem Grund finden wir im Hauptgebäude Stuckarbeiten und Decken mit Fresken sowie Dekorationen anderer Art, die vom 17. Jh. bis zur Mitte des 19. Jh. ausgeführt wurden. Die Innenräume sind zwar nicht beispielhaft für die Glanzzeit der d'Este, aber doch ein glückliches Beispiel für einen Adelspalast, in dem Beiträge aus verschiedenen Epochen eine harmonische Einheit bilden.

Heute befindet sich in diesen Gebäuden das Städt. Museum für Moderne Kunst und von Zeit zu Zeit finden verschiedene Veranstaltungen zu diesem Thema statt. Das Hauptgeschoß ist einer Ausstellung der bedeutendsten Maler von Ferrara zwischen dem 19. und 20 Jh. gewidmet, u.a. Filippo de Pisis. Im Erdgeschoß das Museum zur Dokumentation der Metaphysik, wo die einzelnen Etappen in der Entwicklung dieser großen Kunstrichtung unter besonderer Beachtung von De Chirico durch Dias der in der ganzen Welt verstreuten Werke erläutert werden. Im sogenannten palastartigem Haus der Malteserritter («Palazzina dei Cavalieri di Malta») eine Ausstellung über Maler des 19. Jh. mit etwa 150 Werken von Giovanni Boldini (1842-1931).

PIAZZA ARIOSTEA

Von der Bestimmung dieses Platzes als Hauptpol der Addizione Erculea wurde bereits gesprochen: es ist aber nützlich, an dieser Stelle einige weitere Aspekte von Rossettis Plan zu besprechen.

Da es sich um einen neu geschaffenen Platz handelt, und zwar um

die größte offene Fläche des ganzen Stadtteils, könnte der Besucher erwarten, ihn von wichtigen oder repräsentativen Gebäuden umgeben zu sehen; statt dessen steht er aber hier vor einem überraschenden Anblick: eine Grünfläche, die von einfachen oder sogar ärmlichen Gebäuden umrahmt ist.

Als einzige größere Gebäude heben sich **Palazzo Rondinelli** und **Palazzo Strozzi-Bevilacqua** hervor: hier benutzte Rossetti den Laubengang, ein traditionsreiches Element der hiesigen Architektur, um den Übergang zwischen offener und bebauter Fläche zu «filtern». Sein besonderes Einfühlungsvermögen, das für die städtebauerische Wirkung der Gebäude empfänglich war, offenbart sich auch in der Lage der Laubengänge auf der Linie der Straßen, die in den Platz einmünden; man beachte vor allem den Laubengang des Palazzo Strozzi-Bevilacqua, welcher die Verbindung und den Übergang zwischen der heutigen Via Palestro und Via Borso, die zur Kartause führt, bildet.

Etwa 1930 erfolgte die Neugestaltung des Platzes. In der Mitte steht heute ein Denkmal von Lodovico Ariosto (Ende 19 Jh.).

Hier standen nacheinander Statuen von Papst Alexander III., der Freiheit und Napoleon — Ausdruck der wechselnden politischen Lage.

1. Allee Corso Porta Mare; Massari-Palast; 2. Ariosteaplatz, im Hintergrund der Rondinelli-Palast; 3. Palast Bevilacqua.

PALAZZO NASELLI-CRISPI

Dieser Palast wurde um 1530 von Girolamo da Carpi entworfen und ist der einzige seiner Art in Ferrara: vor allem im Hof fällt der starke Einfluß der römischen Architektur nach klassischem Muster ins Auge. Ihr fühlte Girolamo sich verwandt, sonst wurde sie aber kaum von den Architekten in Ferrara befolgt und es gibt in Ferrara kein anderes Beispiel wo die Einteilung in Stockwerke wie hier nach einer so «modernen» Auffassung der neoklassischen Architektur benutzt wird.

Vor kurzem wurden Restaurierungsarbeiten ausgeführt, die den Gegensatz zwischen Backstein und gemalten Steinen der Stockwerke und damit die Eleganz der Komposition wieder in das rechte Licht gerückt haben.

An der Backsteinfassade mit Fenstern mit abwechselnd dreieckigen und elliptischen Tympanons haben wir dagegen einen Prototyp vor uns, der dem hiesigen Geschmack angepaßt und in der Architektur des ausgehenden 16. Jh. mehrfach benutzt wurde.

CHIESA DEL GESÙ

Diese Kirche wurde um 1570 entworfen und bewahrt trotz späterer Umbauten in der Einteilung der Fassade typische Merkmale der Baukunst von Ferrara im ausgehenden 16. Jh.: im Inneren ist unter den verschiedenen Kunstwerken besonders die berühmte Beweinung von Guido Mazzoni (1485) sehenswert.

Die Gestalten aus farbigem Terracotta um den toten Christus drücken einen überwältigenden, fast heftigen Schmerz aus; bei der verzerrten Gesichtszügen bezieht sich der Künstler offensichtlich auf die herkömmliche Mimik der volkstümlichen Schauspielertradition und außerdem sind Anklänge an die dramatische Einfühlsamkeit eines Tura deutlich; unter den Personen sind rechts Herzog Ercole I. und Herzogin Eleonora d'Aragon als Joh. v. Arimathea und Maria Magdalena erkennbar.

1. Strasse Via Borgo Leoni. Palast Naselli-Crispi; 2. T. Tasso-Platz; Jesuskirche. 3. Allee Corso Porta Po. Kirche des Hl. Benedikt; 4. Der Kreuzgang.

SAN BENEDETTO

Das große Benediktinerkloster, dessen Bau Ende 15. Jh. begonnen wurde, erlitt leider im Verlauf der Zeit schwere Beschädigungen, vor allem durch mehrere Bombenangriffe im letzten Weltkrieg. Man beschloß trotzdem sie wieder aufzubauen, und so ist die Kirche, wier wir sie heute sehen, ein Neubau aus den Jahren 1952-53. Das kalte Aussehen auf Grund des neuen Materials macht einen ungünstigen Eindruck auf den Besucher, so daß man versucht wird zu bezweifeln, ob der Wiederaufbau von so stark beschädigten Bauten in gewissen Fällen vertretbar ist. Dabei muß aber in Betracht gezogen werden, daß die Kirche und vor allem die axial zur Straße ausgerichtete Seitenwand eine bestimmte Rolle, und zwar eine entscheidende und unentbehrliche, für die bereits besprochene Struktur der Addizione Erculea spielt, und somit empfehlen wir trotz der offensichtlichen architektonischen «Fälschung» die Kirche zu betreten und ihrer Raumeinteilung und Rossetti einige Betrachtungen zu widmen.

Wie in San Francesco und in Santa Maria in Vado ist auch hier die Komposition nach den Grundsät-

zen der Renaissance offenbar: Der Innenraum ist aus viereckigen Baugliedern zusammengesetzt, die man in der Spannweite des Mittelschiffs und der Apsis klar erkennt; Seitenschiffe und Kapellen sind halb so groß und hierarchisch zahlenmäßig geringer als die beiden vorhergehenden Beispiele. Hier ist aber die Verbindung der geometrischen Elemente auch im Querschiff und im Chor streng durchgeführt, wo sich um die Hauptkuppel drei unter einander völlig gleiche Bauglieder aneinanderreihen; so wird ein deutlich abgegrenzter kompakter Raum geschaffen.

Die Beleuchtung der Seitenschiffe erfolgt wie in San Francesco durch die Fenster in den Seitenwänden der Kapellen; die halbrunde Form der Kapellen nach dem Vorbild von Brunelleschi ermöglicht hier aber eine Zerstreuung des Lichts, die das dramatische Hell-Dunkel der Franziskanerkirche dämpft.

Einige der Dekorationen überlebten den Krieg. Sehenswert sind hiervon die vier Evangelisten in den Zwickeln des Hauptschiffs von Ludovico Settevecchie (16. Jh.).

Beim Heraustreten aus der Kirche kann man den Glockenturm von Giovan Battista Aleotti bewundern, dessen schlanker und einfacher Bau seit 1621 einen Blickfang in der Addizione Erculea darstellt wie die Türme des Kastells und der Glockenturm von San Giorgio.

Von der weitläufigen Klosteranlage mit mehreren Kreuzgängen, die ebenfalls im Krieg zerstört wurden, sind viele Teile verloren gegangen und andere von unschönen Nachkriegsbauten umgeben. Zwei Kreuzgänge sind noch erhalten, wenn auch in schlechtem Zustand. Im Inneren noch einige dekorierte Säle.

monie zwischen dem Haus und seinem Besitzer Ariosto wieder, der es in reifem Alter nach einem Entwurf von Girolamo da Carpi errichten ließ, um dort die letzte Überarbeitung seines Werkes «Orlando Furioso» (Der rasende Roland) vorzunehmen. Er besagt, daß das Haus «zwar klein aber für mich passend... und für mein eigenes Geld gebaut sei», und drückt die Reserviertheit und den Stolz des Dichters über seine geistige und materielle Unabhängigkeit aus. Die einfache Fassade aus dem 16. Jh., auf die der Sohn Virginio eine Tafel mit der Aufschrift: «Sic domus haec Areosta propitios deos habeat olim ut pindarica» anbringen ließ, die Anordnung der Räume mit Holzdecken und der kleine Innenhof strahlen heute noch eine ruhige und gesammelte Atmosphäre aus und vermitteln den Eindruck einer einfachen und würdevollen Zufluchtstätte. Ein großer Garten, in dem der Dichter seine Mußestunden verbrachte, gehörte auch dazu. Heute dient das Gebäude, das um die Mitte des 18. Jh. an die Stadtverwaltung verkauft wurde, als Stadtteilbücherei.

DAS HAUS VON LUDOVICO ARIOSTO

«Parva sed apta mihi; sed nulli obnoxia sed non sordida; parta meo sed tamen aere domus».

Dieser im Sims eingemeißelte Satz spiegelt die vollkommene Har-

1. Strasse Via Ariosto. Haus des Ludovico Ariosto; 2. Mit Bäumen gesäumte Allee der Engelsmauer.

DIE STADTMAUER

Ein Spaziergang an der befestigten Stadtmauer entlang war bis jetzt in Ferrara als Touristenattraktion wenig bekannt, ist aber durchaus empfehlenswert, und zwar nicht nur wegen des geschichtlichen Wertes als Beispiel einer Verteidigungsanlage sondern wegen seiner landschaftlichen Schönheit, die vor allem im Norden und Osten ins Auge fällt und genossen werden kann. Es wäre undenkbar, daß der Besucher, der die mittelalterliche Altstadt und die breiten Straßen der «Addizione Erculea» bewundert hat, das Bild von Ferrara als Stadt der d'Este nicht durch einen Eindruck von der raffinierten, fast zeitlosen Atmosphäre, den die Stadtmauer vermittelt, vervollständigt.

Die Stadtmauer wurde im Verlauf von etwa 2 Jahrhunderten errichtet und ihre Trasse ist fast vollständig erhalten. Man kann auf dem Erdwall und zum großen Teil an der Mauer entlanggehen, obwohl mehrere Teile (die päpstliche Festung, das Bollwerk San Rocco, die Stadttoren San Benedetto, San Giorgio und San Giovanni, um nur einige zu nennen) seit dem 19. Jh. abgerissen wurden; heute sind die Mauern zu städtischen Anlagen ausgebaut und bilden den größten und eindrucksvollsten Park von Ferrara, eine glückliche Mischung von Natur und Geschichte.

Die Stadtmauer hatte eine lange Entstehungszeit, während der sie umgebaut und den jeweiligen Anforderungen für die Verteidigung angepaßt wurde. Aus diesem Grund sind die einzelnen Teile nicht einheitlich, vor allem derjenige von Rossetti und der Abschnitt mit den Bollwerken im Süden von Alfonso II.; im Großen und Ganzen kann aber die Stadtmanuer von Ferrara in die Klasse eingereiht werden, die von den Geschichtsforschern «Mauerwerk mit Bollwerken italienischer Art» gennant wird.

Bevor wir die Stadtmauer eingehender beschreiben, möchten wir daran erinnern, daß die Verteidigungsanlagen der Stadt bis zum Mittelalter hauptsächlich aus zinnengekrönten Mauern bestanden, die ziemlich hoch und relativ dünn waren. Sie waren von — gewöhnlich viereckigen — Türmen unterbrochen und von einem Graben umgeben. Dieses Grundkonzept blieb bis zum 15. Jh. im Großen und Ganzen unverändert und änderte sich erst radikal, als die Feuerwaffen so stark wurden, daß sie für den Bestand der Mauer eine ernste Gefahr bildeten: je höher und dünner diese waren, um so leichter konnte man Lücken in sie schießen, so daß sie zusammenbrachen.

Seit den letzten Jahrzehnten des 15. Jahrhunderts baute man daher die Mauern niedriger und verstärkte die Zwischenwälle außen durch Böschungen und innen durch starke Erdwälle und Brustwehre. Nach außen wurde sie durch einen Graben und erhöhte Erdwälle weiter verstärkt. Ein entscheidendes Element in diesem System war die Brustwehr oder das Bollwerk, das im Verhältnis zur restlichen Mauer vorgerückt war. Das Bollwerk hatte zunächst einen runden Grundriß; später bekam es die klassische fünfeckige oder rautenförmige Form. Es hatte die Aufgabe den Zwischenwall oder die Kurtine zu unterbrechen um dem Feind eine unregelmäßige Zielfläche zu bieten und seine Geschosse abzulenken — daher die verschiedenen Formen, die nie parallel zur Mauer verliefen; oben war die Artillerie und an den Seiten die sogenannten «pezzi traditori» — Verräter — angebracht, welche durch Schüsse an dem Zwischenwall entlang die geraden

1

2

3

4

Strecken der Mauer verteidigten.

Bei der Stadtmauer von Ferrara kann die Entwicklung der verschiedenen Formen des Bollwerks von primitiven «Torrione del Barco» (etwa 1492) bis zu den ausgereiften Bollwerken von Alfonso II. (nach 1560) deutlich verfolgt werden.

Die Stadtmauer Von Biagio Rossetti. Abgesehen von geringen Resten der Stadtmauer von Borso im Süden, die im übrigen nach 1560 von Grund auf umgebaut worden waren, finden wir jetzt in chronologischer Reihenfolge die Mauern der «Addizione Erculea» vor, die fast trapezförmig von der heutigen Porta Po bis zum Corso Giovecca die Stadt des späten fünfzehnten Jahrhunderts umschließen.

Seit 1491 wurde die alte Stadtmauer an dem heutigen Corso Giovecca entlang verlassen und man errichtete unter der Leitung von Biagio Rossetti und seines Gehilfen Alessandro Biondo eine neue Stadtmauer nach «modernen» Gesichtspunkten. Mit Sicherheit kann der Abschnitt zwischen dem «Torrione del Barco» (an der nord-westlichen Spitze) bis zum Stadttor San Giovanni (Porta Mare) Biagio Rossetti zugeschrieben werden. Er ist auf jeden Fall der faszinierendste und hat ein sehr originelles Konzept mit seinem Zwischenwall mit Böschung, einem von der Mauer getrennten Erdwall und runden Wachtürmen; das Ganze ist von breiten Grünanlagen umrahmt, die dem ursprünglichen Verlauf des Grabens entsprechen. Die Brennpunkte werden durch die runden Bollwerke an den Trapezecken (das nord-östliche Bollwerk, «Rotonda del Duca» — ist verschwunden) und durch die Stadttore gebildet: Porta degli Angeli — das Tor der Engel, etwa in der Mitte der Nordseite, der Tradition gemäß nach dem Auszug der d'Este aus der Stadt (1598) vermauert, und Porta San Giovanni (Porta Mare), von dem nur der große runde Wachturm verblieben ist.

Viele Teile der Zwischenwälle dieser Mauerstrecke wurden im 18. Jh. wieder aufgebaut während einige der kleineren Zwischentürme verschwanden; die Grundanlage von Rossetti mit ihrem neuen Konzept wurde dadurch aber nicht beeinträchtigt und auch der spätere Verfall durch die viele Jahrzehnte dauernde Vernachlässigung kann ihrer Bedeutung als primitives Beispiel für eine «verschanzte Front» keinen Abbruch tun.

Geht man an dem Erdwall entlang, so fällt einem das harmoni-

sche Verhältnis zwischen den Stadtmauern und ihrem Umfeld ins Auge, sowohl wenn man von der Stadt nach Außen blickt (wo sich der «Barco del Duca» erstreckt, einst Jagdreserve der d'Este) als auch wenn man in Richtung der Innenstadt schaut, wo es noch weite Strecken von offenem Gelände gibt, wie der jüdische Friedhof aus dem 18. Jh. und das Kartäuserkloster - eine Reihe von bezaubernden Ansichten.

Die Stadtmauer Von Alfonso I.
Von Stadttor San Giovanni beginnt in südlicher Richtung ein Mauerabschnitt, der deutliche Züge des 16. Jh. trägt, mit betonter Böschung und anschließendem Erdwall; auf dem ersten Abschnitt bis zum heute nicht mehr existierenden Stadttor San Giorgio wurden von Alfonso I. zwischen 1512 und 1518 das dreieckige Bollwerk San Tommaso und das Bollwerk gen. «Della Montagna» errichtet; angrenzend and dieses Bollwerk, das seinen Namen von der Erhöhung des Erdbodens bekam, die einen «cavaliere» — Reiter (erhöhte Artilleriestellung) bildete, kann man noch heute das Gebäude der «Bagni Ducali» — herzogliches Badehaus — bewundern, das Girolamo da Carpi zugeschrieben wird.

Auch in diesem Teil kann man ebenso wie an der Nordseite deutlich die Ablagerungen des alten Grabens in korrektem Verhältnis zur Mauer erkennen. Dieses Verhältnis ist dagegen leider im Abschnitt bei dem ehemaligen Stadttor San Giorgio (heute Ausfahrt in Richtung Ravenna) wegen der zahlreichen neuen Gebäude über dem Wall verloren gegangen.

Die Stadtmauer Von Alfonso II.
Die letzten Arbeiten, die die d'Este zum Ausbau der Befestigungsanlagen ausführen ließen, waren die Bollwerke an der Südseite; von diesen bestehen noch diejenigen, die zur Verstärkung der Stadtmauer von Borso errichtet wurden (im Uhrzeigersinn: die Bollwerke Dell'amore, San Antonio, San Pietro).

Der letzte Herzog Alfonso II. ließ sie um 1580 bauen und sie sind aus-

1. Torrione del Barco, Verteidigungswall nach Norden; 2. Einzelheit der Kurtine mit typischem Mauerabschluss; 3. Mauern des Rossetti. Die Kurtine und die Festungen nördlich des S. Johannes-Tors; 4. Teil der Mauer und Torturm von S. Johannes; 5. Certosa und Friedhof der Israeliten von der Stadtmauer aus gesehen.

gezeichnete Beispiele für eine inzwischen ausgereifte Verteidigungstechnik nach den modernsten Gesichtspunkten jener Zeit, d.h. mit Rautenform oder fünfeckig mit eingezogenen Seiten und Vorrichtungen für das Schießen an der Mauer entlang, sowie Räume für Bedienung und Nachschub; oben auf dem Dach Stellungen für die Artillerie.

Das Mauerwerk ist einigermaßen gut erhalten, während Wall und Erdwall in der letzten Zeit verunstaltet wurden, was jedoch dem landschaftlichen Interesse dieser Gegend keinen Abbruch getan hat. Der Verlauf der restlichen Mauer kann noch verfolgt werden, aber hier ist der vorzügliche Zustand, der den oben beschriebenen Abschnitt kennzeichnet, unwiederbringlich verloren gegangen. Ein letzter dürftiger Teil der Umgestaltung durch den Kirchenstaat (Anfang 17. Jh.) ist Porta Paola, die 1612 von Gian Battista Aleotti als monumentales Tor in Richtung Bologna gebaut wurde.

Die wuchtige päpstliche Festung, die um 1610 beendet wurde, wurde dagegen im 19. Jh. abgebrochen. Der Verlust dieser Struktur hat den Befestigungen von Ferrara einen der bedeutendsten Teile entzogen: sie war in der Tat ein interessantes Beispiel von sternförmigem Grundriß mit fünf Spitzen und mit verwickelter Zuordnung von Bollwerken, Erdwällen und Gräben. Es bleiben heute nur zwei Aussenbollwerke (Santa Maria und San Paolo).

Das Schildwachhaus, aus dem 17. Jhrh., des Bollwerks della Montagna ist als Einziges übriggeblieben von den vielen, die als Wachposten an der Stadtmauer dienten; 2. Tor Porta Romana; 3. Die Mauern des Borso und das Bollwerk Buon Amore; 4. Tor Porta Paola; 5. S. Georgsplatz; der Kirchenkomplex; 6. Einzelheit der Fassade; der Hl. Georg, der den Drachen tötet, Basrelief.

SAN GIORGIO

Die Klosteranlage der Olivetaner San Giorgio lag zur Zeit der d'Este außerhalb der Stadt und bildete ein ganzes aktives und selbständiges Dorf mit Kirche, drei unter einander verbundenen Kreuzgängen und einer Reihe von Nebengebäuden; eine Struktur, deren architektonische Anordnung wie die von so vielen anderen Benediktinerklöstern leider heute zum großen Teil verstümmelt ist: es verbleiben in veränderter Form die Kirche mit dem Glockenturm und der erste Kreuzgang, der noch von den Mönchen benutzt wird. Was die anderen Teile betrifft, so bekommt man beim Betreten der Anlage durch den seitlichen Eingang einen Eindruck: rechts sehen wir die dürftigen Überbleibsel der Wirtschaftsgebäude wie Ställe, Keller, Werkstätten usf. Am Ende Der Straße ein Gebäude, an dem noch heute die Spuren des dritten Kreuzgangs erkennbar sind. Heute sind diese Gebäude seit vielen Jahrzehnten zu Wohnungen umgebaut worden.

Auch im Verlauf der vergangenen Jahrhunderte scheint das Schicksal von San Giorgio Glanz und Verfall, Zerstörungen und Zubauten gewesen zu sein.

Seit dem 7. Jh. war San Giorgio der erste Bischofssitz von Ferrara und verfiel von dem Zeitpunkt an (1135), als der neue Dom San Giorgio geweiht wurde. Dadurch verlor das Kloster an Bedeutung und wurde nicht mehr besucht. Die Gebäude verfielen dermaßen, daß die Olivetaner das Kloster neu aufbauen mußten, als Nicolò III. d'Este es ihnen 1417 überließ. Die Teilnahme von Biagio Rossetti an den Aufbauarbeiten der Anlage seit 1473 ist urkundlich belegt, jedoch heute auf Grund von späteren Änderungen nur noch in wenigen architektonischen Einzelheiten nachweisbar:

die Sakristei, die Anordnung des ersten Kreuzganges und der Glockenturm. Diesen sollte man vor dem Betreten des Klosters betrachten: klar erkennbar ist seine Bedeutung im Stadtgefüge als Bezugspunkt für denjenigen, der sich der Stadt von der Umgebung nähert oder sie verläßt: diese Bedeutung ist umso offensichtlicher wenn man bedenkt, daß das Kloster bis zum Anfang dieses Jahrhunderts völlig isoliert lag ohne umliegende Gebäude; für die Planung wird Rossetti die Beispiele der örtlichen Architektur im Mittelalter und gleichzeitig den damals im Bau befindlichen Glockenturm des Doms vor Augen gehabt haben, der als Vorbild für die Einteilung in «Würfel» offensichtlich ist. Der kräftigen plastischen Wirkung Albertis, die eigentlich nicht zu Ferrara paßt, zieht er jedoch glatte Flächen vor, mit den Lisenen and den Ecken und dekoriertem Gesims als einzigen Schmuck: eine Mischung von Alt und Neu, die für viele Bauwerke von Rossetti bezeichnend ist.

Von der Kirche aus dem späten 15. Jh., für die Cosmè Tura die heute verlorenen Altartafeln Roverella (1475) und «Maurelius» (1479) malte, verbleibt heute nur noch wenig: die heutige Fassade wurde in der ersten Hälfte des 18. Jh. neu gestaltet und im Verhältnis zur früheren Fassade zurückgezogen; das Innere wurde 1581 von Alberto Schiatti umgebaut und später von Künstlern aus dem 17. Jh., von denen Francesco Ferrari besonders zu erwähnen ist, dekoriert.

In der Kirche befindet sich das berühmte Grabmal des Bischofs von Ferrara Lorenzo Roverella (1475), dessen Struktur und plastische Gestaltung dem Entwurf von Antonio Rossellino zu verdanken sind, der auch die Lünetten mit der Jungfrau und Engeln und die fünf Heiligenstatuen in den Nischen ausführte; die übrigen Teile des Grabmals stammen von dem Bildhauer Ambrogio da Milano. Ihre raffinierte Komposition und ausgewogenen Proportionen machen das Grabmal zu einem unersetzlichen Bezugspunkt der Bildhauerei in Emilia im 15. Jh. Von ebenso großem künstlerischem Niveau sind die drei Silbertafeln aus dem Jahre 1512, die die Urne auf dem Grab von Maurelius schmücken (Kapelle links vom Chor). Auf den Tafeln sind dargestellt: Herzog Alfonso I. kniet vor dem Heiligen Maurelius; die Herzogin Lucrezia Borgia mit fünf Damen ihres Gefolges stellt dem Heiligen Maurelius ihren erstgeborenen Sohn Ercole vor; der Prior der Olivetaner von San Giorgio kniet vor dem Heiligen. Wahrscheinlich handelt es sich um ein Bestellungswerk der herzoglichen Familie an Giovanni Antonio da Fo-

ligno als Dank für den Sieg bei Ravenna, bei dem sich Alfonso mit der Artillerie von Ferrara ausgezeichnet hatte. Von großem Interesse ist vor allem die letzte Tafel mit der Stadtmauer und der Kirche San Giorgio im Hintergrund, von der deutlich der mehrgeschössige Glockenturm und die Fassade mit dem Abschluß im venezianischen Stil erkennbar sind.

Kirche des Hl. Georg; *1. Kreuzgang; 2. Inneres; 3. Grabmonument des Lorenzo Roverella; 4. Der siegreiche Hl. Georg.*

DAS PO-DELTA

DAS SCHLOSS VON MESOLA

An der Stelle wo der südliche Po-Arm (Po di Goro) die alte Landstraße Romea kreuzt, liegt die Ortschaft Mesola um das alte Schloß Mesola herum, welches mit seinen vier Türmen das Dorf und die Umgebung beherrscht und gleich dem Besucher, der durch die lange Papelallee von der Landstraße aus kommt, ins Auge fällt.

Alfonso II. d'Este ließ das Schloß von Mesola als Jagdschloß in einem großen Wald zwischen 1579 und 1583 vom Architekten Giovan Battista Aleotti nach einem Entwurf von Marcantonio Pasi bauen. Der Bau hat einen viereckigen Grundriß ohne Innenhof, drei Stockwerke und vier quer über die Ecken stehende Türme: im Verlauf der Zeit verfiel es stark und wurde erst vor kurzem restauriert und für kulturelle Zwecke eingerichtet.

Der Außenhof ist von niedrigen Gebäude umgeben, die einst als Ställe, Wohnungen für die Dienerschaft, Vorratskammern und andere Wirtschaftsgebäude für das Schloß dienten; heute sind sie zu Geschäften, Gaststätten und Werkstätten ausgebaut. Dieses Schloß, die «Grande Delizia», verblieb bis zum Jahr 1785 im Besitz der d'Este, als es zusammen mit der Jagdreserve «Boscone della Mesola» zwischen dem Po di Goro, dem Po di Volano und der Adria von Papst Pius VI. erworben wurde.

DER WALD VON MESOLA

Der Wald ist teilweise an Feiertagen für das Publikum geöffnet und ist heute ein großes Naturschutzgebiet von über 1.000 ha, in dem der Waldbestand, der einst die ganze Provinz bedeckte, intakt bewahrt ist. In seiner vielfältigen Vegetation ist vor allem die Steineiche vorherrschend.

Ebenso reichhaltig ist die Fauna mit Hirschen, Rehen, Hasen, Dachsen und Fischottern.

---

1. Schloss Este von Mesola; 2. Ein schönes Exemplar eines Hirschen im Wald von Mesola; 3. Einzelansicht auf den Hafen von Goro.

DAS SÜDLICHE PO-DELTA

Der Besuch des Po-Deltas wird durch einen Abstecher in Richtung Goro und Gorino an den Deichen des Po bei Goro, einer Landschaft, in der das Wasser das beherrschende Thema ist, bereichert.

Einst war dieses ein Sumpfgebiet mit dichten Schilfwäldern und verstreuten Fischerhäuschen. Die wichtigste Beschäftigung war der Fischfang mit der Technik der «lavorieri» — Netze wurden zwischen den Fischfeldern, die von Schilfinseln abgegrenzt wurden, ausgesetzt.

Die Urbarmachung hat große Teile der Sümpfe in bebautes Land umgewandelt, während man noch immer von den Deichen und von den Landzungen aus, wo die Kanäle sich verzweigen und zwischen den Schilfdickichten ins Meer verschwinden, eine seltene natürliche Landschaft mit Wasser, Sand und Schilf bewundern kann.

POMPOSA

Die Abtei von Pomposa entstand um das 7. Jh. auf der Insel Pomposia, die von den Poarmen des Po di Goro und Po di Volano und der Adria gebildet wurde.

Damals war die Gegend zwar durch Sümpfe vom restlichen Delta isoliert, aber trotzdem gesund und waldbewachsen, so daß sich hier die Benediktinermönche niederließen und bald ihr Einflußgebiet ausdehnten.

Im Hochmittelalter war die Abtei ein wichtiges Kulturzentrum und betreute die weltliche und religiöse Verwaltung eines großen Gebiets. Diese Blütezeit dauerte solange bis umweltbedingte Veränderungen eine zunehmende Versumpfung der Gegend verursachten, die zunächst ungesund und später ganz unbewohnbar wurde. Schließlich verließen die Mönche die Insel Anfang 16. Jh. und zogen in das Benediktinerkloster S. Benedetto in Ferrara. Endgültig wurde Pomposa 1671 verlassen.

Ein Teil der Klosteranlage ist heute nicht mehr vorhanden; es verbleiben jedoch noch Elemente von außergewöhnlichem architektoni-

schem und künstlerischem Wert. Die **Kirche** bekam ihre endültige Gestalt im 11. Jh. als die einfache Basilika einen **Glockenturm** (1063) und eine Vorhalle erhielt, ein Werk des Architekten Mazulo. Das Mauerwerk hat interessante und außergewöhnliche Dekorationen: Majolikateller orientalischer Herkunft, Gesims und Friese aus zweifarbigen Backsteinen mit Pflanzen — und Tiermotiven und Skulpturen mit symbolischen Darstellungen.

Der Innenraum wurde im 14. Jh. von Künstlern der bologneser Schule dekoriert, unter anderem ist der Pinselstrich von Vitale deutlich erkennbar. An den Wänden des Längsschiffs Szenen aus dem Alten und Neuen Testament, auf den Bögen Szenen aus der Apokalypse. An der Innenwand der Fassade das Jüngste Gericht und in der Apsis Christus als Weltenrichter mit Engeln und Heiligen.

Der dekorierte Fußboden ist in drei Zonen unterteilt: im Chor ein Mosaikfußboden aus dem 5. Jh. aus Ravenna, im Mittelteil ein Marmorboden aus dem 11. Jh. mit Einlegearbeit in geometrischen Mustern, der venezianisch-byzantinische Einflüsse zeigt, und in der Mitte den achtspitzigen Stern von Pomposa hat und im letzten Teil Tierdarstellungen, ebenfalls aus dem 11. Jh.

Im **Kapitelsaal** haben die Wände Fresken aus der Schule von Rimini (Anfang 14. Jh.). Im **Refektorium** Fresken aus den Jahren um 1320 mit dem «Abendmahl von S. Guido», «Christus zwischen Jungfrau und Heiligen» und dem «Letzten Abendmahl» von Künstlern aus der Malerschule von Rimini.

Der **Palazzo della Ragione** hat heute vor der Fassade eine Loggienreihe, die nicht dazu paßt — das Ergebnis einer allzu phantasievollen Restaurierung in unserem Jahrhundert. In diesem Gebäude, das einst mit den anderen Gebäuden der Anlage verbunden war, übte der Abt seine richterliche Gewalt aus und verwaltete die Angelegenheiten der Bevölkerung.

Vom rechten Seitenschiff erreicht man das **Museum von Pomposa** mit vielen Skulpturen, abgenommenen Fresken und archäologischen Funden, die für die Geschichte der Abtei von Interesse sind.

1. Aussenansicht der Basilika von Pomposa; 2. Inneres, Mittelschiff.

COMACCHIO UND DAS SUMPFGEBIET

GESCHICHTE

Die ersten geschichtlichen Hinweise auf die Existenz von Comacchio stammen aus dem 8. Jh. n. Chr. und belegen eine reiche Lagunenstadt umgeben von Sumpfgebiet, mit einem Hafen, der mit dem damaligen Hauptarm des Po verbunden war. Die Wirtschaft fußte vor allem auf eine starke Fischereiflotte und auf einen blühenden Handel mit Meersalz; die Stadt war nämlich das größte Zentrum für Salzgewinnung in Oberitalien.

Der Deichbruch von Ficarolo im Jahre 1152, nach welchem der Hauptarm des Po nach Norden floß, der unglückliche Krieg mit Venedig (9. Jh.) und die Mißwirtschaft der d'Este und des Papstes verursachten den stetigen wirtschaftlichen Abstieg von Comacchio.

Seit dem 17. Jh. befaßten sich die Obrigkeiten wieder stärker mit dem hiesigen Fischfang und man bemühte sich auch um den Wiederaufbau der Stadt und ihrer Wasserwege.

Dieser Aufschwung erreichte seinen Höhepunkt mit dem Traktat von Napoleon (1797) mit welchem sanktioniert wurde, daß die Sümpfe den Bewohnern von Comacchio gehören sollten. Den gleichen Status bekam die Gemeinde dann unter dem Königreich Italien 1868.

Die Urbarmachung der Sümfe wurde bereits im 17. Jh. unter den d'Este begonnen und seit 1865 verschwanden immer mehr Sümpfe wie Trebbia, Ponti, Isola und mit den letzten Arbeiten in den 50-er und 60-er Jahren dieses Jahrhunderts Pega, Rillo, Zavolea und Mezzano, die in Landwirtschaftsgebiete umgewandelt wurden.

COMACCHIO

Die heutige Anordnung der Stadt und die wichtigsten Gebäude stammen aus der zweiten Hälfte des 17. Jh. Die Häuser liegen an einer Läng-

1. Der Dom von Comacchio vom Tal aus gesehen; 2. Dreiecksschiffe.

sachse von Ost (die Kirche S. Mauro e Agostino) nach West (die Kirche S. Maria in Aula Regia), die von sechs Kanälen mit Backsteinbrücken unterteilt wird.

Die Gebäude liegen in einer Reihe mit den Fassaden zu den Kanälen; die Häuserreihen werden durch Torgänge unterbrochen, von welchen enge Gassen fischgratenförmig abzweigen.

Im Süden der Stadt liegen die Brücken Treponti (1634) und Degli Sbirri (1631), die beide vom Architekten Luca Danese entworfen wurden; sie gehören zu den eindrucksvollsten Beispielen einer typischen Lagunenarchitektur.

In der gleichen Gegend der Fischmarkt (pescheria) aus dem 17. Jh., das ehemalige Krankenhaus S. Camillo aus dem 18. Jh., das von dem Architekten Foschini entworfen wurde, und Palazzo Bellini, ein Patrizierhaus aus dem Jahre 1865, das heute als Museum und Kulturzentrum eingerichtet ist.

Die bedeutendsten Bauwerke in der Stadtmitte sind: Loggia dei Mercanti (1612), einst Kornkammer, Torre dell'Orologio (Uhrenturm) — ein Neubau aus dem 19. Jh. über einem älteren Turm aus dem 17. Jh., und die Kirche Del Rosario (1618), in der man Kunstwerke aus dem 16. und 17. Jh. bewundern kann.

Geht man von der Stadtmitte in westliche Richtung so kommt man zum Dom, der nach einem Entwurf des Architekten Cerutti im Jahre 1659 an der Stelle errichtet wurde, wo früher die Mutterkirche von San Cassiano (708 n. Chr.) gestanden hatte.

Diese Kirche wurde in einem linearen Barockstil gebaut. In ihrem Inneren kann man eine Marmorstatue der H. Lucie mit Farbspuren aus der ersten Hälfte des 15. Jh. und Kunstwerke aus dem 18 Jh. bewundern.

Weiter westlich ist ein Laubengang aus dem Barock, der sogenannte «Kapuzinerlaubengang» mit 152 Bögen aus dem Jahr 1647, der zur Kirche S. Maria in Aula Regia gehört aus dem 17 Jh. In ihr ist eine «Kreuzigung» von Giuseppe Mazzuoli, gennant Il Bastarolo, aufbewahrt.

DIE SÜMPFE

Um Comacchio herum dehn- en sich Sümpfe aus, die sogenannten «valli». Es handelt sich um ein großes Lagunengebiet von über 9600 ha, in dem der Naturliebhaber eine reichhaltige Wasser-und Vogelfauna beobachten kann. Zahlreiche zum Teil seltene Zug-und Standvögel haben hier eine ideale Zuflucht, und außerdem sind diese Sümpfe für die Aale berühmt, die einige Jahre in den niedrigen schlammigen Gewässern leben bevor sie ins Sargasso-Meer zurückkehren.

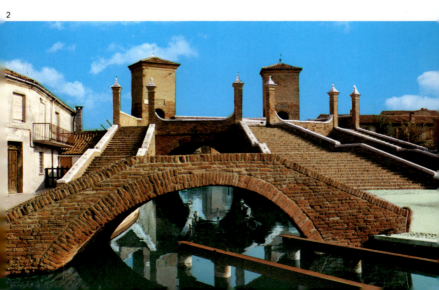

1. Der Uhrturm; 2. Händlerloge mit dem Dom im Hintergrund; 3. Petersbrücke; 4. Strasse Via Agatopisto. Rechts der Bellini-Palast, die Schergenbrücke und links das Alte Krankenhaus S. Camillo; 5. Lekytoi mit roten Figuren; 6. Kelebe mit roten Figuren; 7. Lido von Volano.

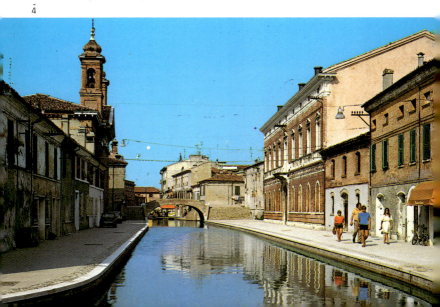

SPINA

Im Sumpfgebiet wurden 1922 und 1952 zwei große Totenstädte griechisch-etruskischen Ursprungs ans Tageslicht gebracht, und kurz danach (1956) entdeckte man im Gebiet von Mezzano Reste der Stadt Spina aus dem 6. Jh. v. Chr.

Die Ausgrabungen sind noch im Gang und die Funde aus der Totenstadt — die man im Spina-Museum[6] in Ferrara bewundern kann — bieten uns ein interessantes Bild vom Leben und Treiben in dieser alten Hafenstadt der Lagune, die im 3. Jh. v. Chr. unterging.

DIE KÜSTE

An der Küste der Gemeinde Comacchio jenseits der Landstraße «Romea», die einst das Sumpfgebiet vom Meer abgrenzte, liegen wie Perlen an einer Schnur sieben gut ausgebaute Badeorte. Von Norden nach Süden finden wir: Lido di Spina, Lido degli Estensi, Porto Garibaldi am Kanal zwischen Comacchio und der Adria, dann weiter Lido degli Scacchi, Lido di Pomposa, Lido delle Nazioni und Lido di Volano einige Kilometer von der Abtei Pomposa.

CENTO

Die Geschichte. Die Stadt Cento, 35 km von Ferrara entfernt, sich gegen die Städte Modena und Bologna gerichtet, an den Ufern des Flusses Reno gelegen, stellt ein wichtiges geschichtliches, künstlerisches, kulturelles und ökonomisches Ereignis in der Provinz dar.

Von nicht sicherem römischem Ursprung, führen die ersten Zeugnissen, die davon handeln, auf das Jahr 799 zurück, wo Casale Cento als Grenze eines der Nonantola Abtei gehörenden Gebiets, erscheint.

Am Ende des 12. Jahrhunderts, bestand die Stadt aus einem Viereck, vom Ringgraben geschützt, mit vier Eingangstoren und in vier Vierteln geteilt, der Herrschaft der Bischöfe von Bologna untergeordnet.

Im Jahre 1502 begann Cento zu den Herrschaften der Este zu gehören, als Mitgift, der Lucrezia Borgia von ihrem Vater dem Papst Alexander VI. bewilligt.

Nachdem Cento den unregelmässigen Lauf des Flusses Reno durch seine Einströmung in den Po in Ferrara geregelt hatte, und die Gebiete nördlich der Stadt trockengelegt hatte, wurde es zu einem blühenden Gebiet, mit der Produktion des Haufes ökonomisch verbunden.

Diese Entwicklung wurde zum grossen Teil durch das spezielle alte System der «partecipanze» («Teilnahme») erreicht, nach dem die Gebiete, von Zeit zu Zeit, in gemeinsamen Herrschaften geteilt wurden, die einerseits der Bevölkerung, Wohlstand und Entwicklung, andererseits den politischen Behörden, die Bergung und die Beherrschung über sumpfige Gebiete versicherten, die oft von den Überschwemmungen des Reno überflutet wurden.

Deshalb machte Cento immer Gebrauch von einer gewissen Autonomie und von besonderen Vorrechten in den Zöllen, in der Beherrschung der Wässer und in den Künsten.

Da sich Cento bedeutend nicht nur auf ökonomischem sondern auch auf literarischem, wissenschaftlichem und kulturellem Gebiet entwickelt hatte, steigte es

---

1. Cento: Platz Piazza del Guercino mit dem Rathaus (17. Jhrh.) und Gouverneurs- oder Uhrenpalast (16. Jhrh.); 2. Guercino (und Mitarb.), «die Jungfrau des Karmel übergibt das Skapulier dem Hl. Simon Stok und Heilige», Cento, Pinakothek; 3. Die Burg, zweite Hälfte des 15. Jhrh.

sich zur städtlichen Würde mit päpstlicher Bulle von Benedetto XIV am 18. Dezember 1754 empor.

Die Stadtmitte. Die Stadt kann noch sehr gut in ihrer Anlage des 14. Jahrhunderts erkannt werden.

An der Kreuzung der zwei Hauptstrassen, die die alten Toren der Stadt verbinden, ist der Platz.

Am Platz ist der zinnengekrönte Palazzo del Governatore mit dem Glockenturm (1502, Anfang des 20. Jhs. wiedergebaut) und Palazzo Comunale, der im 17. Jahrhundert gebaut wurde.

Die Hauptstrassen entlang, von einem typischen Laubensystem gekennzeichnet, befinden sich Paläste und Kirchen von kostbarem, historischem und architektonischem Wert.

Unter den Kirchen ist die Kirche von S. Biagio die wichtigste, die, mehrmals wiedergebaut, auf 1045 zurückgeführt wird; in dem Barockinneren kann man den Chor und ein Bild von Guercino bewundern, das «Christus, der Sankt Petrus die Schlüssel überreicht» darstellt. Ferner, empfiehlt man die romanische Peterskirche, die Kirche del Rosario, die, vom Guercino entworfen, Werke von demselben Künstler enthält, so wie auch die Kirche dei Servi.

Unter den Palästen empfiehlt man den Palazzo Rusconi, Casa Pan-

nini, den Säulengängen von Corso Guercino entlang und mit den charakteristischen holzernen Strukturen, Casa Provenzali und das Borgatti Theater. Gleich aus der Ringmauer, ist die Rocca, Wiederaufbau des Jahres 1460 einer vorherigen Befestigung des Jahres 1378.

INHALTSVERZEICHNIS

Einführung	S. 2
Historische Hinweise	» 3
DAS STADTZENTRUM	» 5

Castello Estense S. 5 - Chiesa di S. Giuliano S. 14 - Palazzo Municipale S. 15 - Cattedrale S. 19 - Museo della Cattedrale S. 28 - Piazza Trento e Trieste S. 32 - Chiesa di San Romano S. 33

DIE MITTELALTERLICHE STADT » 34

Die Lineare Stadt » 37

Palazzo Bentivoglio S. 37 - San Domenico S. 38 - Chiesa di San Paolo S. 39 - Palazzo Paradiso S. 42

Die sogenannte «Addition Adelarda» » 44

Il Borgo Nuovo S. 44 - La via di San Francesco S. 44 - S. Francesco S. 45 - Palazzo Estense, detto di Renata di Francia S. 47 - Casa Romei S. 48 - Il Borgo di Sotto S. 52 - Santa Maria in Vado S. 52 - Palazzo Schifanoia S. 56 - Oratorio dell'Annunziata S. 65

Addition Borso » 66

Palazzo di Ludovico il Moro S. 66 - Sant'Antonio in Polesine S. 70

Die Giovecca Hauptstrasse » 78

Palazzo Roverella S. 79 - Palazzina di Marfisa d'Este S. 81

DIE RENAISSANCE STADT » 84

Die Heraklische Addition » 84

Corso Ercole I° d'Este S. 86 - Palazzo dei Diamanti e Pinacoteca Nazionale S. 87 - Palazzo Prosperi Sacrati S. 93 - San Cristoforo alla Certosa S. 96 - Palazzo e Parco Massari S. 98 - Piazza Ariostea S. 98 - Palazzo Naselli-Crispi S. 100 - Chiesa del Gesù S. 100 - San Benedetto S. 101 - Casa di Ludovico Ariosto S. 102

DIE MAUER	» 103
SANKT-GEORG	» 107
DAS DELTA	» 110

Castello Mesola S. 110 - Boscone della Mesola S. 110 - Delta Meridionale del Po S. 111 - L'Abbazia di Pomposa S. 112

COMACCHIO UND DIE TÄLER » 114

Cenni storici S. 114 - Comacchio S. 114 - Le Valli S. 115 - Spina S. 117 - I Lidi S. 117

CENTO » 118

FERRARA

Zeichenerklärung:

① Kastell Estense
② Kathedrale und das Museum der Kathedra
③ Rathaus
④ Die Kirche S. Domenic
⑤ Die Kirche S. Paolo
⑥ Palazzo Paradiso und der Biblioteca Comun Ariostea
⑦ Die Kirche S. Francesc
⑧ Palazzo Estense S. Francesco, genannt d Renata di Francia und Sitz der Universität
⑨ Casa Romei
⑩ Die Kirche S. Maria in Vado
⑪ Palazzo Schifanoia
⑫ Palazzo di Ludovico il Moro und Sitz des Mu Archeologico di Spina
⑬ Casa di Biagio Rossett
⑭ Die Kirche S. Antonio Polesine
⑮ Die Kirche S. Carlo
⑯ Palazzo Roverella
⑰ Die Kirche S. Maria de Teatini
⑱ Palazzina di Marfisa d'Este
⑲ Oberspital S. Anna
⑳ Palazzo Turchi di Bag
㉑ Palazzo dei Diamanti Sitz der Pinacoteca Nazionale
㉒ Palazzo Prosperi-Sacra
㉓ S. Cristoforo alla Cert
㉔ Palazzo Massari und S des städtischen Muse d'Arte Moderna
㉕ Palazzo Bevilacqua
㉖ Piazza Ariostea
㉗ Palazzo Rondinelli
㉘ Die Kirche S. Giovann Battista
㉙ Israelitischer Friedho
㉚ Die Kirche del Gesù
㉛ Die Kirche S. Benedet
㉜ Casa di Ludovico Ario

Gestaltung und Redaktion
Federico Frassinetti

Der Photoservice ist von Ascanio Ascani di Misano - Forlì
Weitere Photos von: Civica Fototeca di Palazzo Schifanoia,
Foto G.R.A. - Roma, Foto Marco Caselli - Ferrara,
Federico Frassinetti, Alceo Marino, Mario Rebeschini,
Paolo Zappaterra, Foto A. Scapin
Civica Biblioteca del Comune di Cento.

editionen **ITALCARDS**
Copyright by La Fotometalgrafica Emiliana Sp
Urheberrechte geschützt
Nachdruck (auch auszugsweise) verboten

LA FOTOMETALGRAFICA EMILIANA SPA
San Giovanni in Persiceto - Bologna

Ausgedruckt in Italien